黃石城

黃石城——著

語集

人類最高境界
是道德、公義、真實。

我的四活：
活真、活實、活善、活美。
短短數十年人生，
真的都活不夠了，
哪有時間去活假的。

自序

人格修為的方向

本語集是基於本人一向熱愛人類和國家的天性，眼看人性消失、倫理道德淪落、社會無是非，因此悟出一針見血的針砭。由於先天上，對維護人性尊嚴、對誠信公義的執著、對智慧價值的堅持、對道德典範強烈的追求，在日常生活中面對世事，自然而然地如泉水般不斷湧出靈感，無論在車上、飛機上、吃飯中、工作中、運動中，靈感一到，立刻記下有關人類、自然、政治、社會、教育文化、倫理道德的靈感，五秒鐘之內從哲學、思想、智慧、邏輯的觀點上，以簡要口語立即記在手冊上。經過本人半世紀有恆心地分秒記錄，始能完成《黃石城語集》這本富有靈感的書。

本語集從較高的角度來看人類、國家、社會、人性，以是非分明批判對錯不分、以公義批判功利、以價值批判價格、以權力的謙卑對抗權力的傲慢，以無私、公正、超然、客觀的立場，對當時國事、政黨、政治人物、社會現象及教育文化適切評論，並提出理念、看法、想法和做法，不管任何政黨、高官顯要，或是不公不義、特權、

惡勢力均不放過，可說很嚴謹、中肯、密集組織、犀利切入，以期啟發讀者、油然產生強烈的迴響和修為。

本語集中的嘉言、格言，均來自我生活中自然、真情流露的靈感，也可說是我心血的精華結晶，雖非一絕，卻也是我數十年如一日所悟出的人生哲學，可提供國人修心養性及人格修為的方向，同時也滲入符合我思想體系的觀點，是一本有思想性、哲學性、歷史性、教育性和價值取向的書。希望台灣政治清明、社會有公義、人的品性可提升，如此才能喚回人性、重建倫理道德的價值觀，使社會有是非、有公義、有廉恥、有誠信，才不會淪為動物園裡「垃圾吃，垃圾肥」的富裕動物。

最後感謝「商鼎數位出版公司團隊」幾個月下來為這本語集的出版所付出的辛苦，本語集未盡完美之處良多，期盼仁人君子不吝指教。

黃石城
2020/9/1

目次

1 典範

001

- 權力無法迫使有骨氣的知識分子就範，有獨立思考的知識分子不會在權勢的誘惑下變節。

- 我追求公理、真理、正義的苦心。

- 應有重視證據和決斷力的修為。

- 金錢足以使人腐化，學問足以使人淨化。

- 只要演的是好戲，寧為觀眾，不為主角。

- 說出來的話，除非你認錯，否則應負完全責任。

- 我一生最榮耀的是具備「自然公道的天性」。

- 有錢的人或有地位的人，應藉其金錢或地位做有益於人類社會的事，始能令人尊敬。

- 如果說我有威嚴，那是發自於公義的力量，並非基於權勢或財勢。

- 別人的事比自身的事還重要。

011

- 我會尊敬人家，但不會巴結人家。

- 我最討厭只會說話不做事的PRO。

- 記者不應有主人，如要有，記者的主人是正義、公理、良知，和道德責任。

- 席上有好人，捨不得離開，才坐那麼久。倘若席上有壞人，馬上就走了。

- 我不能喝酒，因我要保持清醒，一方面還要學習與讀書，另一方面主政頭腦要清楚，受酒精中毒和汙染的人，較會脫線，為政者應切忌之。

- 對自己的修為要求絕對，對別人的修為要求相對。

- 看得到、做得到才講，但大部分的人講的都是看不到，做不到的。

- 學者追求權力，即非學者。

- 報紙、雜誌、名嘴不可成政客（政治騙子）的工具、應聲蟲。

- 絕不與惡人妥協，更不與政治惡勢力妥協，這是我的個性。

- 「實」，是我生存處世唯一本錢。

- 站在利害的刀口上，能堅持道德的人，才值得被尊敬。

- 我一生所爭取的是倫理道德、分明是非和公平正義，而非爭權奪利呀！

- 我每日以嚴責己，反省自己、檢討自己，這些造就我今日的一切。

- 要有德威，不要權威。

021

- 我的用人哲學是只問你會不會做事，而不問你的背景、關係。

- 公權力不能溝通，更不得妥協。

- 如果自己說一句錯話，我終日懊惱萬分，如果我有對不起他人，我終日自責萬分。

- 不喝酒的人，應什麼酬。

- 我的言行均在構築堅實的地基，人家做官均在粉飾牆壁而已。

031

- 人要公義，不要功利。

- 「公道」是我參政的主理念和訴求。沒有公道的任何民主政治和個人崇拜（包裝），均是騙人的，不值得一提。

- 我一生無權做壞的行為。

- 吾心如天秤，永遠主持公正、公道。

- 寧做受尊敬的三年首長，不做不受尊敬的終身首長。

- 我不說沒有辦法做到的話，不發表沒有辦法做到的意見。

- 說話要清楚負責，絕不可含糊不清。

- 要受人尊敬而不是要人巴結。

- 一生堅持中立公義未加入任何黨派，迄仍保持獨立生活。

- 如果為了做官而要我做不公義的事，絕對不幹。

- 我一生最吃虧的是堅持「公道」和「對事不對人」。為了公道不與權勢妥協，不與功利妥協，這就是我硬骨頭，但得罪不少人。

- 我心每日交割清楚，無論對人對事對天均清楚，毫無瓜葛。

- 我只能作為國家和人民的工具，不能成為某某個人或少數利益集團的工具。

- 我非在意於官位，而是在意於人類公義無法實現。

- 我從政風格：有公義的，我始終堅持不妥協，我做我的；無關公義的，聽其自然。

- 寧聽不高興的真話，都不願聽高興的假話。

- 我不是被摸頭那種貨色，也不是被摸頭而長大的。

- 任何名與利都抵不過我終生所喜愛的道德與公義。

- 我不受無道德的大官灌頂。

- 開會最好直接切入主題，面對問題、針對問題、解決問題，不要廢話連篇，浪費時間又解決不了問題。

051

- 公義是我的主流價值，違反公義的一切，均與我的心靈衝突。

- 我一生感到最光榮的，是能在彰化縣長競選中，以孤單單的個人，打倒黨政軍情治聯合作戰的專制中國國民黨，真是鴨蛋碰石頭的奇跡地勝利。

- 如無法做好工作，什麼職位、地位我都不感興趣。

- 無公義和道德的權威，我絕不附和、不支持，更不懼怕，反而要挑戰他、唾棄他、消滅他。

- 我自幼堅持道德，堅持公義，堅持是非分明、善惡分清，是我的責任，如此才能心安理得。

- 要檢討自己、反省自己、嚴責自己，勿專門檢討他人、苛責他人。

- 任何權力和功利，擋不住我說實話。

- 為堅持公義說真話而不黨。成群結黨很難為公義、真理而爭。

- 我心永如秤，只認公道不認人，只認事不認人，是百分之百一台斤十六兩的秤仔。

- 企圖心強的人較會做事，較有目標和責任。

- 所謂風範，必須表裡一致的人，同時要心善、有道德才能有風範。所謂風骨，無私、堅持公義、願為真理而犧牲。所謂風格，有格調、有立場、有主張、有看法，不隨波逐流，不人云亦云，才有人格典範。

- 做事癖是我的個性，不做事還活幹什麼？

- 不依附權力或財勢的生活，才是最尊嚴、最純潔、最瀟灑的真人生。

- 除非我無意識，真實我絕不讓步。

- 我一生雖無所成，但至少我能堅持原則，分明是非，堅守道德和公義，抗拒利誘、惡勢力、不道德、自私自利，更不與人同流合污。

- 智慧、無私、道德、能力、誠信、責任、典範，是領導者應具備的十四個字。

- 取得權力不是滿足而是責任的開始。

- 可向權威挑戰，但不可向真實挑戰；可不服「權威」，但不可不服「真理」。

- 我的角色是丟骨頭（肉骨）的人，而不是搶肉骨的角色。

- 行政中立是公務員的靈魂。

071

- 倫理道德是我的基因，也是我的養分。

- 有權說話的人應說真話，說有風範的話，不是說五四三或不三不四的瘋話。

- 卸任後應是典範的影響力，只有道德風範、人格修為、為民表率，人民才會尊敬，權力者不可不知。

- 2000年我最滿意的兩件大事，一為辦理政黨輪替的歷史性選舉，二為廢國民大會。

- 在位要謙卑，下台人尊敬。

- 不要向領導者（或權貴）投降、討好、拍馬屁或為升遷而出賣人格。

- 無典範的炫耀是破壞人性、創傷心靈、扭曲價值、汙染社會、禍害人群的元兇。

- 在我的心目中，權位只不過是「責任」而已，並非「榮華」、「風光」、「傲慢」。

- 無公義任何人對我都沒有市場，縱利誘或威脅都無動於衷。

- 我永遠是「無黨有國」的人，與那些「有黨無國」的政客，永不妥協。

081

- 活原則，少活枝節。

- 從政是為歷史而非為自己。

- 我一生最痛恨公職人員利用權力賺錢（包括營私舞弊、貪贓枉法、害人害國），是不公義的。

- 做官容易，立典範難。

- 無靈魂的神主牌有何用？要有典範的神主牌才有作用。空殼的神主牌是多餘的。

- 領導者應說典範的話，說有學問的話。台灣的領導階層，大部分不是說五四三的話，便是選舉語言，沒品。

- 權力與金錢是死的，唯有典範永遠是活的。

- 為官之道，首應無私，次為維護公義，再次智慧和能力，當然要有典範。

- 我既不向黨派靠攏，更無法向利頭接近，我只向公義靠攏。

- 我就是無法硬拗，才不加入政黨。

- 無典範的權勢和金錢等於零，甚至負面而有害的。

- 論加入政黨：我迄不加入任何政黨，在政治上我還是「處男」，我是不靠政黨幫派起家吃飯，而是靠血汗和誠信生存。

- 我從不亂活、黑白活，活得不答不七，更無棲棲插插的活。

091

- 有典範的人始有資格掌權。

- 我一生最怕是「對不起他人」。七十年的人生最守本份，以嚴責己、以寬待人，我是分秒想到、做到。對不起人家是最丟臉，最無恥的，很難生活。

- 無典範，無資格站在台上說話。

- 非權力的偉大，才是真偉大。大自然才是真偉大，典範也是真偉大。

- 我是靠人格而生存，而不是靠金錢或權位而生存。

- 我迄今不油條，可能是少吃油或油水少。油水多自然油條。

- 我的主體意識是公義。

- 追求完美人格的意志力太強，活得很辛苦，但永遠堅持。

- 我一生就是奸不起來，才會如此落魄，被邊緣化。有堅強的道德和堅持公義的我，無法為天地工作，實在遺憾。

- 勿為自己舒服的生活而失去公義。

- 我的血液無法與無公義的血合流。

- 我只對公義的智慧和良心負責，從不看人的頭臉，也不受名利的誘惑，永遠站在公義這邊。

- 我一生最慶幸的是，活了半生的農業社會，有大有小、倫理道德、勤儉樸實、有情有義、互相照顧的溫暖真人的生活。

- 我一生最討厭「有吃說有吃的話」的人。

- 無典範的任何地位（包括官位或財勢）如垃圾不值得一瞄。

- 公義非選擇題。

- 我一生最幸運的是：參政二十五年從不加入幫派（政黨），與黑金、不誠信、價格觀、權力傲慢、貪污腐化的豎仔政客（不分地位）劃清界線，與上述政客不相處、不合流，是清清楚楚的孤鳥，人家討厭我，我偏偏不討人歡喜。

- 我一生最看不起口是心非和言行不一的人。

- 我的核心價值是智慧、真實、公義、道德、誠信、責任、人格、典範。

- 要說真實的話，要說公義的話，要說典範的話，要說無私的話。

- 我的人生只求善良、真實、公義、典範的感受，也是我的福氣，更是我的價值。

- 無典範就無歷史。

111

- 我對是非之分最敏感、不麻木。

- 我惻隱之心最濃厚、不麻木。

- 師表即典範也。

- 智慧、價值、真實，是我人生的總和。

- 我平生無說謊神經，也無虛偽神經，只有真實神經，表面上木訥，但全部活真的，這是我的福份。

121

- 我一生最重視誠信，誠信是我的生命。

- 公義是人權之本。

- 我的腦筋迄仍細膩清楚並有強烈的開發力和爆發力、穿透力、感受力、反應力。

- 「未到的先活」這是我一貫的生活態度。

- 「人到無私品自高」這句話是我一生奉行的座右銘。

- 歷史就是一篇典範史，無典範不成史。

- 我從不為任何黨派的附庸，也從不為任何權力者的傀儡。我只認國家的利益，只認道德、公義和典範。

- 我一生利用不喝酒的時間和不醉的清醒頭腦，在思考正經的問題，做正當的事。

- 我不能入黨，我應留起來替國家說公道話。

- 我看不起無公信力的權力和財富。

131
- 我一生最痛苦的感受，是眼看著公義被謀殺、被強姦！

- 政治人物的歷史價值在於典範、道德、人格，世上很少留有一部奸臣史，只有典範史。

- 無典範的官是白做的。

- 如果說我古怪（固執），只是不加入政黨（幫派）而已。

- 我是活長線的，而不是活短線的。

- 放空才能健康，我除國事、天下事外，全部放空。

- 我不是藍色人，也非綠色人，而是台灣人。

- 無公正就無資格說話。

- 行動始有典範，光說不練永無典範。

- 如果是我主政，我一定做全民政府，我有能力做到全民信服、滿意，會做到無抗爭，這才是我的政治理想。

141
- 智慧、公正、無私、真實、價值、整體，為我立論的基礎。

- 我的一生是一步一腳印，實實在在的人生，非碰運氣的，更非吃黨派奶水長大的。

- 我可貴處是迄仍有旺盛的戰鬥力，勝過年輕人。

- 道德是我的維生系統，也即我的空氣。

- 我只喜與有人格、有風骨的人逗陣為友，而不與無人格的大官顯要為伍。

- 餘年願當烏鴉，不當喜鵲。

- 能過著道德生活是一生最大的榮耀和福氣。

- 我喜歡會做事的人，我討厭會做官的人。

- 我要聽言之有物的話，不聽空話、假話、騙話、爽話。

- 不是看他官位的高低，而是看他有無品格和典範。

- 我只相信人格而不相信權力。

- 不只要拚健康，更要拚新鮮不老。

- 有朋友對我說：「石城你永久堅守道德，最後可能會沒有朋友。」

- 雖然我擔任很多公職，但我心並未進過廟堂，永在外面與人民一起受暴風雨和雪霜的考驗，才知道人間的冷暖，而形成我的政治哲學和思想。

- 我的智慧、道德、公義從不泡沫化。

- 不做的話、無法做的話，不說。

- 典範才有資格成為歷史性人物，不是官大財多的問題，大官、富人如無典範，如洪水猛獸，將遺臭萬年。

- 我一向要求自身很嚴，因此我很少滿意過自己的作為，亦因此要求他人嚴，對國事和社會事較難滿意。

- 我一生最吃虧的是沒有黨派（幫派）背景相挺，也未曾靠黨派吃飯，只靠一根硬骨頭到處亂竄，為堅持公義奮鬥到底，經常仗義執言，得罪幫派頭目，長期被幫派圍剿，永不屈服。

- 年齡這麼大了，只能談根的問題、原則問題，已無時間說枝葉問題。

- 我從政喜陽光化、透明化、公開化，在縣長任內從不搞小圈圈，連藍綠的大圈圈我都不要，因此我不靠小圈圈吃飯。

- 無典範就無歷史。

- 我的胸襟雖寬宏，唯對缺德、違法、惡勢力之徒難忍受。

- 一生做官，一生既得利益，一生權貴，一生權力的傲慢，一生被拍馬屁，這些人是台灣近代史上最無格的罪人。

161

- 我一生最痛恨做官不做事、說官話不說人話、官僚屎桶氣、眼中只有黨派（幫派）而無人民、私益重而無公義之徒。

- 具有思想、智慧、品格、能力、典範者才是最佳領導者。

- 上蒼送給我一顆「無私的心」，這是我的福氣（少煩了很多）。私心越重，煩惱越多，問題越多。

- 「要用人才，不用親信」，這是從政二十年來的一貫原則。

- 參與政治而無典範是失敗的。

- 我有疾惡如仇的豐富經驗，因此對是非、善惡之分最清楚。

- 我只聽可行的話，不行的話已無生命可聽了。

- 無典範的人，無資格在台上講話。

- 我一生自貧窮的農家子弟，當上縣長和政務官二十餘年，我始終保持貧窮時的心態，藉公家的職位，為國家、人民做工，沒有得到湯，也沒有得到粒，不違背公義、良心，過著與幼時相同純樸、單純的生活，這點就是我的驕傲。

- 別人是滿腦金錢和大官，而我是滿腦公義和人道。

- 我是講價值的人而不是講價錢的人。

- 我一生與公義建立很好的關係，與人的利害互動從不放在腦裡，而成孤鳥。幸有公義的照亮，倒也感溫暖。

- 所謂典範是「立德、立功、立言」

- 口述歷史應記載「事實、智慧、典範」否則是騙人的。

- 我生平最怕做生日，更不喜歡談年齡。

- 破壞人權的人，大部分是沒有人性的人，因此，我一生強調維護基本人性比基本人權重要。

- 要做秀應做有典範、有智慧、真實的秀。不要做五四三、不倫不類、傲慢的不良示範秀，以免教壞孩囝大小。

- 無典範的從政者，歷史上地位只是垃圾而已。

- 歷史地位是以你的智慧、品德、誠信、公義、責任、能力、內涵、典範累積起來的，並非權勢、金錢所可建造起來的。

- 「無典範就沒資格說話」，無典範的人請閉嘴以免遭口業。

很可惜在這無是非善惡的社會，無典範的人最吃香，藉其大官位和財團、大言不慚，以權力和金錢大肆污染人的心靈，誤導方向，破壞人性，是人類的毒源。

- 我當官喜打倒特權及惡勢力（如廢國代），是我當官的目的，否則就不必當官了。

- 權力是典範而非氣球。但現代權力是氣球。

- 說有道德的話，寫有道德的書，聽有道德的話，看有道德的書，這是我的天性。否則不說、不寫、不聽、不看。

- 我一生最討厭聽官話和錢話，我只喜聽人話，喜聽有典範的話。

- 無風範的「名」只是「虛名」，不值錢。

- 無典範影響力的人當官是罪惡的，官愈大罪孽愈重。

- 我最討厭唱無真實和無作為的高調（好聽話）。

- 權力不可傲慢化，不可私有化，不可功利化，權力只能典範化。

- 我曾說過我的心胸是360度，唯獨對「不真實」「不公義」「不道德」無法容納，也因此得罪不少人。

- 只要「有道理」我什麼都服了。

- 我很幸運一生均能過著logic化的生活，我討厭矛盾化的人生。

- 權力如無用於典範，權力就無味道。

- 「我一生太固執，祗活正面的，不活負面的，才會這麼辛苦。」，就是不忍心同流合污下去。

- 無私自無壓力，只要無私，天不怕，地不怕，一切海闊天空。

- 我能力有限，一生盡力做善事，但我對壞人從不退怯。

- 要看他的執行力、實踐力和成果力，並非看他的口水。

- 無公平正義就無人權可言，公義是人權之本，有公義才有普世的人權，無公義能喊的人權是特權。

- 倫理道德和公平正義是我活著的生命力。

- 謙卑的人不會樹敵，會成大事，傲慢的人易樹敵，不成大事。

- 言行一致才是真生活，言行不一是假生活。

- 自然才是真實，真實最美、最公道。

- 我的人生充滿教育性，思想性和哲學性，因此我的政治生涯較富有教育、思想、哲學的基礎，這是我與他人不同之處。

- 要以行動說道德，而不是以嘴巴說道德。

- 自私的人有下列幾點試劑
  一、喜拍馬屁和喜被拍馬屁。
  二、西瓜人（投機份子）。
  三、無是非之心，只有利害之心。
  四、不敢說真話的人。
  五、無風骨的人。
  六、喜做大官、不做事的人，也即喜說官話的人。
  七、公器私用的人（酬庸）。
  八、無誠信的人。
  九、自己的利益高於一切。
  十、權力傲慢的人。
  十一、無廉恥的人。
  十二、無責任的人。
  十三、無風骨的人。
  十四、無典範的人。

- 我為何不入政黨（幫派）因為我不吃人也不佔人家便宜，才不入黨（幫派）。

- 要說能做的話，要說真實話，要說有影的話，要說有路用的話，要說有道德的話，要說倫理的話，要說公義的話，要說典範的話。

- 活到這個年齡，有意義的「話」才「說」，有意義的「事」才「做」，有典範的才「活」。

211

- 倫理道德的實踐，我是屬於急進派的。

- 倫理道德是一貫的，是不可分割也不可分段，更無選擇的。

- 我一生最私心的是每日挪用時間慢跑或快步五公里及甩手功和例行運動，其餘時間均用於倡導倫理道德，主持公平正義和國事、社會事、人類事。

- 我一生力求真實，尤其倫理道德的完美人格更嚴格，但功利社會，名利至上，要看到完美已不易，只好不斷回憶農村幼年時純潔簡樸、天真無邪的美好生活。

- 我的頭腦時時刻刻在運轉，掃描世事、國事、社會事，並從嚴檢討自己的倫理道德、公平正義，判斷人的是非善惡，只認是與非、對與錯的價值觀，不認人的貴與賤，重視弱勢，忽視權勢（權力者或財團）。因此我的頭腦很忙碌，天天時時均應用腦，很擔心倫理道德的消失，公平正義的沒落，將是人類的災難和悲劇。

- 「我總以『道德』應由自己做起，並非寫給人看，亦非講給人聽。道德是自己的行為，有道德的生活行為才像人，把『道德』與『人』劃

成等號，你才會堅持守道德的行為，因為無道德就不是人。」

- 台灣大官大部分只有做官的榮華和傲慢，而無做官的典範和史實。

- 我一生最倒霉的是經常遇到豎仔和不知見笑的人。

- 我因被天生的公義心和是非分明套牢，和不可救藥的疾惡如仇，一生走來坎坷，到處險象異常，尤其與功利社會為敵，痛苦難存，日夜難眠。

- 我每日05:30開始運動（甩手功、體操、快步（以前跑步），泡熱水）至07:30結束，以二小時的運動換取22小時的生命，很划算。

- 我一生只活正「十」，不活負「一」也不活「十一」。

- 我面對問題的反應，立即想解決方案，其他不須多想。

- 我一生堅持黨外不加入幫派，自己堅苦奮鬥，與惡勢力和特權、威權對抗、鬥爭，清清白白為台灣、為人民做事，不看幫派的頭臉，不看惡勢力的臉色，依然長大並建立我一向重視倫理道德的價值和維護地球完整的目標前進，也因此形成我一貫性的性格，是最值得安慰的人生。

- 為公義的成就才值得尊敬和懷念，為私利的成就不值得尊敬和懷念。

- 有倫理、有道德、有公正、有公義才能和諧，否則天天鬥爭，吵架，惡鬥永無寧日，不平則鳴，哪有和諧之日。和諧不是天掉下來的，也不是說爽的，應有「和諧」的基礎，公平、公正、公義始有「和諧」。

- 公正是我的價值觀，也是我的信仰，無公正就無人格。

- 我永站在弱勢這邊，永站在人民這邊。

- 我一生最討厭受權勢和財勢的控制和壓力。

- 我一生感到最驕傲的是一生不黨，因此一生可說「公道話」、「真話」、「良知話」，不必看黨派的臉色說話。加入黨派的人只能說為其黨派利益的話，否則就受黨紀處分，他們雖靠黨派「做官、升官、榮華富貴」，但不能說「公道話、真話、良知話」，失去人的意義。

- 無志氣的是廢人。

- 要價值化人生，不要價格化人生。

- 我一貫主張的生命競爭力，係指健康和長壽而言，如八十歲能比七十歲還健康活力。

231

- 我是為「理想」而做官，也是為「做事」而做官，而不是為「做官」而「做官」。

- 我不分晝夜，活到累，自然睡。

- 無典範修為的人，不配當領導人。

- 我不是「被時間」活的，而在「活時間」的，被時間活的是憨憨活，活時間的是認真活。

- 我生來就沒時間說謊，更無生命說假話。

- 只有問題而無答案的政府是做官的政府。

- 只要藍綠在，台灣永無是非，無是非就永無公義。

- 我畢生是有logic的活，我討厭自私而無天理。

- 「人生苦短，真的都活不夠了，哪有時活假。」是我的座右銘，因此人要正直、誠信、真實。

- 符合公義的事才想才說才寫才做，這是我一貫行事原則。

- 我不入黨是要保持有是非之心和獨立發言的人格。

- 權力如不是典範就是妖怪。

- 我不入黨就是不願同流合污。

- 有典範才有歷史（歷史是記載有典範的事蹟，並非那些五四三的）。

- 好的領導人應具條件
  一、基本：品德、智慧、無私、誠信、能力、
  　　典範。
  二、能力
  　　(一)規劃能力。
  　　(二)做事能力。
  　　(三)解決問題能力。
  三、責任感：做錯事失職，無政績應知恥，自
  　　行了斷。
  四、堅持
  　　(一)不做秀，要做實事。
  　　(二)不宣傳，人民眼睛是雪亮的。
  　　(三)不酬庸。
  　　(四)不應酬。
  　　(五)不欺民：要說實在話。
  　　(六)不傲慢：權力不是他家的。

- 領導力是建立在典範的行為上。

- 我的一貫是第一次見面的親切感一直保持永
  恆，從不因地位、利害或忙碌而改變。

- 我平生看到「公義」就快感，看不到公義如看
  不到太陽，獨自暗吞苦水。

251

- 人格典範的形成必須有強烈的道德修為，加上高度智慧和學問，才有高度、遠度、深度和廣度的慧眼和行動，人格典範才能形成。

- 世間上有的是奸巧活，有的是憨憨地活，有的是單純地活，有的是為蒼生而活。

- 長壽健康方法
  一、永遠勞動和運動。
  二、順自然、吃清淡、應節制。
  三、無私、自由自在、海闊天空、無壓力無負擔，不求於人，是人生最高境界。這就是我長期來的生活習慣和人生原則。

- 無私才能平順。不會患得患失。

- 孝敬父母是根，尊師重道是本。

- 我一生為社會服務，幫人做事或佈施，從無條件，覺得很瀟灑，如需條件，不算服務，也不光彩。

- 倚老賣老，自然「老」。

- 倫理孝道是天道天理，也是天性，違背孝道是逆天的，非人也。

- 現在的教師須應付民代、官員，只做公關，無心看書，不像讀書人，缺為人師表的條件，教育自然失敗。

- 一切成就均應含有道德的成分，始能算真成就。

- 無法解決問題的話不想、不說、不寫也不聽，這是我一貫的行事風格。

- 智慧和慈悲的原動力是無私。

- 智慧和慈悲非只是動聽的名詞，而是動態的行為。

- 私心重的人，無法放空，無法放下，是最悲哀的。

- 禪修的目的是達到「無私」「自然」的境界。

- 無私才能自然真實。

- 我說加倍認真活，八十幾歲的我，活的時間越來越少，也即來日不多，要分秒把握最後的生命。

- 古代讀書人貴在風骨、風格、風範。今之讀書人志在高攀權貴－巴結大官、富人，寧為權貴奴隸。

- 生命無價，典範也是無價的。

- 要有靈性的活，不要麻木地活。

- 謙卑的人，才有典範。

- 生命要健康長壽，典範要立德、言、功。

- 看道德，我都會很快感，看到公義，我都會很營養。

- 如果你有是非之心，其他都不重要。
- 謙卑是美德，是人格者的修養。
- 如果世上有神，我的感受，倫理道德就是神，公平正義也是神，正直誠信也是神。
- 領導者必具立德、立言、立功的典範和能力，更重要的要有很好的logic和哲學修為，當然也要有高度無私的智慧。
- 我天生的病就是「自私不起來」。
- 我的生活很幸運能趕上有「倫理道德感受的末班車，活了前半生，其餘的年華均在「無是非」「無公義」「無道德」的惡勢力下，掙扎打滾，奮力仍為人類找曙光而不累，可說是悲哀的後半生。
- 領導者應具高度智慧和完美人格典範，否則是墮落、是災難、是反淘汰，不良示範。
- 不佔人家便宜也不傷害人家，是我的天性。
- 民主無典範，只有利害。
- 民主只有人權而無人格。
- 人格典範＋高度智慧和超強能力，才成有歷史性的政治家。
- 謙卑是人權的起碼。

281

- 我只活「倫理道德、公平正義」八個字，其餘對我都不重要。

- 活真實的才有永久記憶力。

- 謙卑才有民主，傲慢就是獨裁。

- 典範的獨裁勝過無典範的民主，所謂典範是佛教的智慧、慈悲，儒家的仁義禮智信，基督教的博愛和公義。

- 我只相信真實，不相信口水！

- 回憶大學畢業兩點勵志
  1.智識、思想永站在人類潮流的前端。
  2.短短幾十年人生，真的都活不夠了，哪有時間活假的。

- 我已感受到人的意義和價值，自然過著有靈性、有良心、有人性、有哲學、有邏輯的一生，也是我沒白活、亂活的乾淨、珍貴的一生。

- 領導者必具組織力和整合力的智慧和能力。

- 讀書人如讀不出是非和風骨，等於白讀的。

- 民主沒有典範，典範難有民主。

- 所謂身教就是典範教育。

- 不可與不檢討自己的人認識。

291

- 我一生力求完美，但苦頭也不少。

- 讀書人不說真話，沒有風骨，不敢向權力者挑戰，是智識份子的悲哀，今讀書人大部分看權力者的臉色呼吸、說話、護航，是讀書人的墮落。

301

- 祗會做官的必非好貨，惟有會做事的才是好人，值得尊敬。

- 我只喜歡人格，討厭官格。

- 心有不良企圖的人，最怕道德。

- 孝道是道德之本，是家庭核心價值，是天倫、天賦，也是血緣親情的自然流露。

- 因為我是很認真地活的人，才對是非善惡之分特別重視。

- 功利社會沒典範、沒人格、沒歷史。

- 我的著書立說均基於教養、智慧、思想、哲學、靈感、邏輯而來。

- 民主如果不是追求典範，將成劊子手。

- 我喜過去純樸善良的平淡生活，而不喜現在奸奸鬼鬼的富裕生活。

- 割稻仔尾就如專挑好的柿子吃。

- 雖有智慧但重感情，易受騙。

- 有典範的人，始有資格向人家講話。無典範的人，說話誰會相信呢？

- 政治人物不主持公義，甚至支持不公義的人，是最邪惡的。

- 我是實力主義者，而非機會主義者。

- 我的語集是根據我一生堅持的道德、無私、公義、疾惡如仇的哲學思維，反射出當前政治、社會、人文、自然、醜陋的感應。

- 說清楚才有實力。

- 權力即公義，也是典範，否則是假民主，也是獨裁。

- 我的話你不信，你的話我不信，甘願聽信別人的話，真是傻瓜。

- 我最討厭無公義的任何權貴。

- 我的道德公義是基於自然生活的流露，而非看稿子、照書本唸的，更非虛偽的。

- 要活「邏輯」的，不要活「矛盾」的。

- 無典範的權力，在歷史上是惡名昭彰的，將被唾棄。

- 我是批發的大格局，而非零售或攤販式的小角色。

- 非尊敬的任何物質，我都沒感受的。

- 無骨頭髓的大官是很悲哀的可憐蟲！

- 不敬的贈與是侮辱。

- 要真實的典範，不要馬屁的典範。

- 尊敬典範而非尊敬權力。

- 權力是短暫的，典範是永恆的。

- 智慧是無私的靈感。

331
- 我物質生活的慾望是以日據時期、光復初期，吃甘薯簽配菜脯，赤足、穿補衫為標準，比它好一點就很滿意了。

- 我的人生：明辨是非、堅持原則、維護公義、捍衛真實。

- 真實和公義那把尺，從不離身。

- 誠信是人權之本。

- 我只有典範感，而無權力感。

- 我永遠站在公義這邊，既不同流合汙，也不狼狽為奸，更不營私舞弊、不招群結黨。

- 我的固執是堅持有邏輯的生活，而排斥矛盾的生活。

2

品格

001
- 我雖是學法律的，但最討厭人家打官司。

- 寧可吃點虧，不以法律伺候。

- 以自己的良心控制並監督自己的行為。

- 經常堅持讓人三分。

- 寧做牽牛的人，不願做被牽著的牛。

- 永遠做正派角色，並與邪派鬥爭。

- 堅持有風骨，絕不出賣自己的靈魂。

- 堅持知識的誠實，反對知識的詐欺。

- 有一分事實說一分話、負一分責任。

- 一個人不但對人、對金錢要誠實，對知識和學問更應誠實。

011
- 為了求真理，不計任何代價。

- 人格是金錢和權力無法收買的。

- 能認清是非善惡者便是好人。

- 要先有充分道理和證據，然後始可發表意見。

- 不說無理的話。

- 不能做錢的奴隸。

- 我的心胸是三百六十度。

- 應維護百分之百的人性，勿活成油條，人性減為百分之五十或零人性。

- 一個人對事情無法做公道、正義的判定和處理，證明這個人是劣貨。

- 是「找事做」而不是「等事做」。

- 權利與義務能平衡，就是道德。

- 要說良心話，做實在事。

- 不害人就是道德。

- 我的缺點就是太周到、太細心、太周延，因此不輕易發言。

- 以倫理道德為基礎來檢討政治問題、社會問題和人類問題，是我一貫的作法。

- 不做，無資格說話。

- 我無時間和生命去想假的、做假的、講假的。

- 行為善良的人不巧辯，巧辯的人不良善。真實的話不好聽，好聽的話不真實。

- 每日活得很密集、很豐富且有100%人性，人生才有價值。

021

- 我的一生，除了維護身心健康和勞動外，只有讀書和修持。

031
- 權力取得前與取得後的態度和言行應完全一致。

- 我與別人不同之處，最主要是我要求的「很嚴格」、「水準高」、「品質高」而已。

- 不可有「名位」的死豬鎮墊（台語）。

- 我的個性喜「做事」和「解決問題」，不是做官的料。

- 破壞人「尊嚴」的兩把利刃：一為權力；二為財勢。唯有遠離權力和財勢，才能維護人格尊嚴。

- 人家是活日活夜，我是活分活秒的，因此我每日生活分秒必爭，並非活日活夜而不知天地。

- 我喜手不插褲袋裡，亦喜捲褲管的農工生活。

- 說「有的」（實的），不要說「無的」（虛的）。

- 守時的人不會佔人家便宜，自然也是清廉的人。

- 不守時的人連時間都要吃下去了，誰敢說他不會吃錢。

041
- 我自幼均在逆境中生存，曾嚐到無數風寒酸苦的滋味，因此面對逆境、苦境，均能解決克服之。

- 一個有歷史責任感的政治人物是非常寂寞的。

- 無尊嚴活著還有什麼意思，非人也。

- 我擁有正義和公道的雷達，馬上可發現違背正義和公道的矛盾點，而以公道飛彈消滅之。

- 我已無時間陪兩個政治幫派玩無效率、無意義的事，否則將浪費一生。

- 西瓜偎大邊是最下賤的小人，也是我最看不起的人。

- 一生最討厭無是非之分的人，一生最討厭談功利、談利害的人，一生最討厭無公義的人。

- 不要小看我，我如一座活火山，一旦爆炸，震撼力無可抵擋的。

- 滿腦功利的人怎會知道真理、真實、與公道呢？

- 我愛真理，甚於權力。

- 一個人如果不知自己的錯誤、缺點，不知對不起人家，這個人不是良知喪失，便是惡質蠻橫。

- 我是主宰者，而非工具之料。

- 如果只會「說」，而不「行」，則啞巴最吃虧。

- 你或許可不伸張正義，但切勿踐踏摧毀正義。

051

- 言行不一致就是無誠信、無道德。

- 應做到讓人尊敬，拒絕馬屁精。

- 只說不做是最無道德的人。

- 讀書人無風骨等於無尊嚴，表示肚子裡是空的，是無內涵，只能擔任應聲蟲而已。

- 讀書人以其學位或學術地位，作為功利騙人的本錢，可憐。

- 有的為做官而做官，有的為得利益而做官，有的為理想而做官，百分之九十九以上為「做官」和「賺錢」而做官，很少為理想而做官。

- 學者被政客收編，如同被閹割一樣，不但出賣自己心靈，也是讀書人之恥。

061

- 搞學問的人如果與名利結合，等於無學問。

- 真正知識分子一定超越名利，才能批判任何政黨、政府。

- 看人「頭面」的生活我不幹。

- 有公道心的人才值得我尊敬，不因其地位、職業、階級、貧富而別。

- 除了身體健康外，剩下的時間全面用於追求真實、善良、完美。

- 馬屁是最無風骨、無尊嚴的、最肉麻的，最功利與阿諛，小人才會拍馬屁，正人君子不會拍馬屁。

- 寧與有道德有公義的小民為友，不願與無道德、無公義的高官、富人為伍。

- 滿身公義血，滿腔道德心，有此天性無機會為更多的人類做事，枉費老天爺給我的生命。

- 為名利無是非的人是垃圾，為名利無道德的人是小人，向名利低頭的人也是小人。

- 一生看人臉色而生活的人是最苦、最沒出息、最無路用、最無價值，是搖尾狗。

- 無人格的人對待人是依利害而漲跌的。

- 讀書人愛真理比自己的生命重要。

- 對壞人不可中立，否則就無是非、善惡之分了。

- 有廉恥的人才知道尊嚴。

- 最無人格的吃相是有吃說有吃的話，無吃說無吃的話，吃一點點說吃一點點的話，無人說良心話、公義話。

- 有歷史眼光的人，才是真正知識分子。

071

- 明明是「黑的」要我說是「白的」的官，我不幹。

- 「才能」固值得佩服，「品性」始值得尊敬。

- 無論什麼時空，什麼崗位，你都可選擇最有價值的人生，只要不看人頭臉，活得有尊嚴，你的生命定是彩色的。

- 無公義之心的人，能算為知識分子嗎？

- 失去理想性的人，不值得對談。

- 我一生最討厭言行不一致的人，最喜歡不言而行之人，也喜歡言行一致的人。

- 智慧與無私是至高無上的格調，任何權位和金錢均比不上它。

- 真正知識份子，不會容忍邪惡、偽善、虛偽、非公義。

- 壓力下、利害下、誘惑下的尊敬是最虛偽，是欺騙式的尊敬。

- 有權的人越謙卑，越使人尊敬。

- 騙與變的結合是最可怕的，國人無所適從。

- 有人性才有人權，一個沒有人性而有權力的人說人權，太離譜了。

- 負責是行為的負責，並非嘴巴的負責。

- 權力是一時的，人格才是永恆。

- 公私不分的人怎麼會乾淨？公私不分的人是最不衛生。

- 不斷反省、不斷檢討、不斷創新、不斷努力、不斷比較，才能提昇自身的競爭力。

- 對公義無反應的人，非人也。殘害公義者，禽獸也。

- 寬恕是能者的氣度，報復是小人的無度。

- 無私是一切之本，教育無私的國民，國家才有希望。

- 無廉恥的人，非人也。

- 有私心就有野心，有野心什麼事都做得出來，有野心就沒完沒了。

- 無公義的工作是不快樂的，但不少人寧願當官，做不公義的不快樂工作。

- 無品德與禽獸無異，即非人類也。

- 文人、老師屈就於權力之下，是悲哀！

- 公義是公職人員的靈魂。公職人員無公義心必徇私舞弊的，絕無清廉可言。

- 要倫理不要馬屁。

- 主持公義就是積德，違背公義就是缺德，這是我的標準。

- 面對權力和金錢很多人忘了自己是人。

- 人性最大弱點是屈服於權力和金錢之下。

- 面對權力和金錢就沒有公義。

- 他有官格但無人格，他有錢格惜無人格。

- 無證據不可輕易批評人家，更不可輕易論斷是非。

- 真正知識分子應向權力挑戰、對抗，不能充當權力的工具、奴才、走狗、劊子手。

- 我雖缺金錢資源，但我的道德資源、社會資源和人脈資源均甚豐沛。

- 拒絕官話、拒絕錢話，只有人話才是話。

- 謙卑是美德。謙卑的人，才能以權力和錢財來慈悲他人（弱勢）。

- 善良不是懦弱而是厚道。

- 有是非的善良才是真善良。

- 無私是美德之源。

- 憶父母，父母親的善良永遠照耀著我。

111

- 不分是非就是不說道理。

- 權位是一時的，人格是永恆的。

- 一般人是炫耀官位（權勢）或炫耀金錢（財勢），但有氣質的人是炫耀人格。

121

- 不可以權力罵人、欺人、害人。

- 是以道德、公義為準，而非以權力或金錢為準，道德與公義高於一切。

- 人類的劣根性在自私自利。

- 傲慢才會有上山易下山難的感覺，謙卑就不會有下山難的感受。

- 為私利，一生不敢說「不」，不敢說「反對」，是最無出息的人。

- 德育高於智育也高於體育、群育、美育。

- 利益固可和解和妥協，但人格是不能折扣或妥協，人格能妥協就沒人格了。

- 人格者一定有原則，堅持原則，無原則的人，怎會有人格！

- 窮途末路的人僅靠「無原則」、「左右逢源」而生存。

- 靠馬屁起家的人，不獨是無恥、投機、險惡，也是最無品又無格的小人。

131

- 司法人員看權力者和金錢的臉色而生存，永無獨立公義之日。

- 說真話就不須稿子。

- 自己不守道德就無資格批評他人，不知道德者，不是人。

- 無誠信的人是騙子，有的騙錢財，有的騙感情，有的騙權勢，有的騙選票，有的騙吃騙喝，可以行騙天下，是人渣。

- 我一生最看不起無誠信的人。

- 道德重整的理念：誠實、純潔、無私、仁愛、誠信、正直、典範。

- 吃公家頭路，不做公道事，是無賴。

- 非對等（公平）而得的權力和財富，非榮譽也。

- 不少人只會說漂亮話，但從無責任感。

- 說話不負責，如同放屁叫人擦屁股的惡劣。

141

- 智慧和人格的炫耀才值得，權力和物質的炫耀是無知又幼稚。

- 傲慢（炫耀）是衰敗之兆。

- 無「智慧」和「能力」說「實話」，可悲！

- 不說「沒有責任的話」，要說真實、誠信、能行的話。

- 律師的辯護職責是為維護「真實」和「公義」而辯，並非為賺錢和顛倒是非而辯。

- 無私的人始能維護真理和公理。

- 要說有智慧的話，要說真實的話。

- 多為真實而活，少為虛偽而存。

- 野生動物園式的自由，我是不欣賞的。

- 不尊重他人的人無資格談民主。

- 人的生命是永恆的，怎可為了名利而炒短線。

- 教育應培養有骨頭髓的人才，台灣最缺乏的是「有骨頭髓的人」。

- 年輕年壯以其健全體力支撐快樂的人生，年老年弱以其過去成果支撐快樂的人生。

- 自私是一切亂源。

- 無私才有透明度，自私必黑箱。

151

- 有道德和公義才是人格者。

- 有智慧的人始有公義心和道德感。

- 人的核心價值在於「完整的人格」。

- 不可用權力說話，應說人話。

- 公義就無特權，特權就無公義。

- 權力和金錢不用於「善事」，將成惡勢力。

- 真實和公義是人生的兩口氣。

- 不誠信的人無資格說人權。

- 道德是要人做「君子」，不做「小人」。

- 擁有錢財不做有利於人類社會事，是罪惡。

- 不誠信的人非人也，與不誠信的人對話，如同與禽獸對話。

- 不說「公道話」「不說公正話」的人，活了有何意義。

- 無公義的人，無資格發言。

- 乾淨的人生最難做的是違背良心、顛倒是非、不公義的事。

- 不能立言、立功至少應立德始像人。

171

- 是比人格而不是比官格、錢格。

- 無私始有公信力。

- 人生最丟臉的是不知公義。

- 自己有深厚的修為才能感化他人。

- 人的氣質之有無，介於有無公道心和正義感。

- 不喜回顧歷史的人，是不會感恩的。

- 知識分子的良知在公道、公正、公義。

- 是非分明，才是智識分子。

- 無公信力的人就是說幾卡車的話，都沒人會相信。

- 公信力比公權力重要。

181

- 如果不要道德教育、倫理教育，我們還談什麼身教、為人師表、師道尊嚴呢！

- 要重視道德教育、真實教育、誠信教育、品質教育，才是真教育。

- 有地位而不付出是罪惡，有財富而不施捨也是罪惡。

- 有濃厚感情的人較有倫理道德。

- 無私才會透明化、陽光化。

- 客觀的人，才能得到真實。主觀的人，有排斥性，很難有真實。

- 不看「光說不練」的人的書，不看「無誠信」的人的書，不看「政客所說」的書，不看「無道德、無人格」的書。

- 要看「有智慧」、「價值」和「真實」的書。

- 讀書人面對問題應堅持公正、風骨，勿為「利」出賣靈魂，犧牲人格，就這麼簡單。

- 無私是清廉和效率之本。

- 有智慧的人，每逢問題均能如雷達的快速反應，立刻針對問題、整合問題、解決問題。

- 無私才能自然真實，才能海闊天空。

- 有智慧的人，重在做、實踐、力行、成果。聰明的人靠那張嘴，光說不練、口秀、官秀，永遠是空的、零的。

- 人品在於道德，即品德也。

- 著書立論，貴在精神、人格、典範，非在高官的炫耀，權力的傲慢。

- 說能做的話，不要說空話。

- 無是非就無尊嚴。

- 要說「有」的話，不要說「無」的話。

- 人生歷程應留下人格、典範的痕跡，任何權貴的榮華（酒池肉林、權力傲慢、到處馬屁）均為暫時的，很快消失。

- 無智慧才會有私心，一私就沒完沒了。

- 台灣要好需從「人本教育」和「價值重建」著手。

- 無私自無壓力，無私才能海闊天空，無私才能自由自在，無私是人生最高境界。

- 面對錢財，人格不值錢，面對權力亦然。

- 這個社會（功利），很少有人格的有錢人，也很少有人格的大官。

- 有倫理道德、誠信、公平、正義的人，才是正常人，否則不管是大官或富人均係變態人。

- 讀書人名節重於權力和金錢，否則不能算為讀書人。

- 政治家抄長線，政客炒短線。

- 尊嚴比生命重要，無尊嚴活什麼意思。

- 人與獸之別在於人有尊嚴，而禽獸無尊嚴，但有生命。

201

- 有尊嚴的人，自會自尊、自重、自愛，這種人才不會做壞事。

211

- 物化的人，就無尊嚴。

- 公信力比做官重要。

- 廉恥心最重要，無廉恥心即不知見笑，與禽獸何異。

- 不可聽假話，浪費生命。

- 無是非之心的讀書人，非智識分子也。

- 道德是無可選擇的，也不能討價還價的。

- 無倫理道德、無靈性，不管你的權位多大，財勢多大，均是動物園式的生活，毫無意義可言。

- 無道德的人取得權力和財富，人類將遭殃。

- 人民應抗拒無道德的大官和有錢人。

- 活堂堂正正才會永恆，小人、豎仔只是短暫。

221

- 校長、教授、讀書人如無公義感，表示人品不良。

- 修養是健康之本，無好的修養健康不起來。

- 餘年不多，剩下時間只能與有智慧、人格者、正人君子相處，遠離政客、豎仔、小人，才能過好日子。

- 人格是不死的，而生命是會死的。

- 倫理、道德、典範均應做給人看，不是講給人聽。

- 無私才會自然，有私自然不起來。

- 自己會做能做始有資格批評他人，名嘴亦然，如自己無法做，不會做，就無資格批判人家，論斷他人的是非。

- 「倫理道德」是每一個人的基本盤，也是人類的基本盤。

- 該批評而不批評，不是得到好處，便是曖昧。

- 台灣只有權力的傲慢和金錢的傲慢，而無「人格的傲慢」。

231

- 無公信力的人，不管有多大權力，有多大財富，就是說到死，也沒有人會相信。

- 君子不用小人，小人不用君子。

- 別的可以懶惰，道德絕不可懶惰。

- 人是講品德，物是講品質。人性消失後、人物化後，亦成物質而無靈性。

- 心會橫起來的人是不會有誠信，無誠信的人，絕不會有道德。

- 有是非才有道理，無是非自無道理。

- 在民主自由的社會尊師重道是難存在的，因人格教育完全破產。

- 誠是「一心」而無「二心」的意思。

- 不誠信，人格就破產了，還有什麼資格談人家呢！

- 被尊敬就是力量。

241

- 無法體會倫理道德的生活，表示還沒達到人的境界。

- 得意時須防失意時之苦，有錢時須防無錢時之苦，有勢時須防失勢時之苦，成功時須防失敗時之苦。如何防呢？唯有永遠謙卑，絕對不傲慢，同時把得意、有錢、有勢、成功看成平淡，自無失意、無錢、失勢和失敗之時。

- 名嘴如果有藍綠之分，一定豎仔硬拗，是無公義的西瓜人。

- 學者無公義是最可惡的。

- 古代的人是崇尚「人格」的價值觀。

- 現代的人是崇尚「官格」和「錢格」的價格觀。

- 不管你的話是何等動聽，不管你的書何等冠冕堂皇，只看你的話和書的內涵有無風骨、有無公義成份，就知道你的說話、你的書的可信度。

- 是非不分、善惡不清、黑白不明者，不德也。因會造成顛倒是非、善惡、黑白而成冤枉，當然不德。

- 有是非的善良才是真善良，無是非的善良是偽善也。

- 做才是責任，光說不練是最不負責的。

- 有價值觀的人品格才會高。

- 重利的人，拜金主義的人，說道德會笑死人。

- 只要「公正無私」任何人都撼動不了你，就是任何黨派也奈何不了你。「公正無私」就如「聖旨」。

- 「有高度智慧的人，才有logic的人生。」，私心重的人，以其情緒變來變去，不會有logic的生活。

- 「有使命感的人，始能成為真正的領導人。」，無使命感的人，絕對不可能成為領導人。

- 能做的或已經做出來的才說。沒能力做或未做出來的，最好不說，以免騙人。

251

- 無道德成分、精神原則的書，不可看，看了會錯亂中毒。

- 不要與無公義的人對話，也不與無公義的人相處。

- 所謂功利主義就是截稻仔尾主義，指現實、炒短線，為目的不擇手段，不勞而獲，重利害而言。

- 當權者無道德、無能力，人民穩死的。

261

- 不可要求人家做違法的事，更不可要求人家做無道理的事。

- 名利足以使人變質。

- 真實和行動（做）是我的價值觀。

- 知識份子如無真實感和行動力的感受，將失去智識分子的意義。

- 權力和金錢足以使人走火入魔，如無相當節制和謹慎易撕裂自身的人格。

- 無私免煩惱。

- 無私才有清淨心。

- 無人格談什麼尊嚴，無尊嚴談什麼人權，無人權談什麼民主自由。

- 政治家是拚典範、拚歷史地位；政客是拚功利、拚榮華富貴。

- 重金錢的人只好過著物化的人生，重權力的人只好過著「是官不是人」的人生。重品德的人才能過著人格化的人生。

- 自私的人必無「是非」，孟子說「無是非之心，非人也。」因此自私的人，不像人也。

- 有人性才有人道，有人道才有人權。

- 養身固然重要，養心更重要，心不好，身怎麼會好呢？

- 無法分是非、善惡就無資格說公平正義。

- 謙卑的人才能永遠追求道德和公義，傲慢的人與道德和公義無緣。

- 動態中的判斷才是真判斷，靜態中的判斷是如意算盤，非真判斷。

- 真實才是公道，真實才有公義。

- 要純潔的親情，organic的親情，不要受污染的炒短線的親情。現在的親情大部分是受污染的親情，也是功利的親情，唯有自然流露純潔的親情才是天倫。

- 真實是判斷是非之本。

- 有道德心和公義感較不會老人痴呆。

281

- 人如面對權力和金錢，最易引起情緒起伏澎湃的異常反應，而產生不理性問題。

- 無風骨的官不做。

- 要人品不要堂皇。

- 無公義智慧和公正性格的人當名嘴，猶如洪水猛獸，會害死人的。

- 什麼叫「道理」即倫理道德和公平正義之意，我一生的為人處世只有兩字，即道理也。

- 人與人之間不應有對立，「無私就無對立」，但應有「是非」之分，善惡之別，並應有因果的責任觀念。

- 我有獨立的靈魂，不靠他人靈魂，不附體於他人靈魂而生存。

- 真實應勝過權威才有公道。

- 只要心情放空，你才能活真的。

- 無私才能與自然合一，私心重的人很難與自然相處。

- 四十年前我說過「真正智識分子」應具「形成有系統思想」如他無系統的思想，仍東一塊西一塊，零零碎碎將無原則，無立場，無主張，無責任，此種人非智識分子呀！

- 要說誠懇的真話，勿說漂亮的謊話。

- 人生應懂「節制」不可無限上綱。

- 政治生命是風骨和節操，非官大學問大。

- 人為化，價格化，功利化的社會，有能力說真話的人太少，不管政治人物、媒體，商場謊話滿天下，很難值得信任的人。因此政治人物、媒體名嘴的話，拒聽，如此你的生命才不會蒸發掉。

- 歸零係指回歸自然，無名利感，無年齡感，無自私感。

- 要堂堂正正的贏，用小人步贏的，送給我，我都不要。

- 道德是價值，民主是價格。

- 生命是價值，金錢是價格。

- 問題出在無是非之心，甚至顛倒是非，顛倒黑白造成無數冤枉。判斷是非的標準應以道德、公義、誠信為基準，非個人的喜怒哀樂的情緒性反應為基準。

301

- 有無「人格」端看處事有無「公正」。

- 我只相信人格，不相信權力。

- 謙卑的人才能吸收無數人的智慧、學問、經驗和好品格。

- 無私自無壓力，有壓力自不平衡，無壓力才能自由自在，海闊天空。

- 我已找到健康長壽的密碼，就是「無私」。影響健康的因素是「私心重」，自私是一切災難之源，私心的生活固然人人愛，可是勿忘了「私心」時時刻刻在折損生命。

- 說根不說枝也不說葉。

- 孟子「無是非之心，非人也！」我想「無是非之神，無靈也」。

- 謙卑是修養而不是「下令」的，「下令」就是「傲慢」而非謙卑也。

- 是尊敬人格，並非官位，是尊敬仁慈，並非財富。

- 功利教育下的讀書人、知識份子
  1. 沒有是非之心，更無判斷是非的能力和責任。
  2. 無立德、立言、立功的典範。
  3. 重金重官，願為權力傲慢者的奴才或搖尾狗和馬屁精，失去讀書人的風骨。
  4. 真正知識份子，應敢向權力者挑戰，嗆聲、批判和反抗者。

- 健康高於一切，人不要在得意和失意瞬間，不知不覺地耗損生命，只要將得意和失意平常心看待，你就會很健康。

- 謙卑的人永不會變質，永受尊敬。

- 謙卑為民主之本，傲慢為獨裁之源。

- 傲慢為貪腐之源，謙卑為廉能之本。

- 人格者、紳士、有志者，典範在民主社會是不存在的，民主是反淘汰的制度，是暴民、詐騙、民粹、特權、金權的天堂。

- 無立德、立功、立言為典範的總統，雖名為民主，其實是暴君和惡勢力，其歷史地位應是遺臭萬年。

311

- 有維護人類尊嚴的智慧和能力的人，始有資格「說人權」。

- 沒有「道德修養」或「不知道德」的人，私心必重，自私的人就沒完沒了。

- 我的材料只能活「根」，沒有生命活「枝葉」。

- 有智慧和哲學的人，始能成歷史性的政治家，99%缺智慧和哲學修為，因此99%是政客。

321

- 短短的一生，時間有限，無法活太雜，祇好活幾項有價值、單純的項目，就滿足了！

- 現實的人，不會是好人、善人、有感情的人，只有他的現實利益為尺度，他的朋友被出賣都不知道，因此現實的人不可為友。

- 有道德才有禮貌，有禮貌的人才能尊重人家，受尊重才有尊嚴。

- 唯心靈能永鮮美，容貌雖美，易消失。

- 名利足以稀釋人性（也即名利使人變質）。

- 無道德修為的人才會傲慢，加上權力更傲慢，自然形成獨裁。

- 要以德服人，不要以權服人。

- 民主終結了人格者、有志者、地方士紳。

- 說實話才會激動。

- 無立德、立言、立功的權威，均是有害的，是惡勢力。

- 我喜與善良老百姓為友，唾棄吃銅吃鐵的大官顯要。

- 無道德，怎麼會有文明呢？無道德，只有野蠻。

- 道德是民主、自由、人權之源。唯「有道德」其他都不重要。

- 謙卑為成功之本。

- 智識份子除具品德、智慧、風骨外，應有哲學素養和邏輯思考。

- 有廉恥的人才有尊嚴。

- 只要財物不要智慧是庸才。

- 「智慧傳家」並不亞於「忠孝傳家」。

- 讀書人如無是非、良知、公義的堅持，等於白讀的，不能算為智識份子，而是投機份子。

- 唯能維護倫理道德和公平正義事實的人，始有資格造神，否則是假神。

341
- 權位足以溶解讀書人的風骨。
- 無私—智慧—掃描—切片—解決—解決問題的進程。
- 智識份子失去「良知」將成黑天暗地的天下。
- 公義，始有共識；功利，難有共識；私利，永難共識。
- 古讀書人是智識份子，現讀書人是投機份子。
- 人生正直地活都覺時間夠了，哪有時間活彎彎曲曲。
- 與有智慧的善人相逢、相處、為友，是三生有幸。
- 要「人格」不要「官格」。
- 知恩、感恩、報恩是人性，忘恩負義不像人。
- 要與公義之士為友，不與功利之流為伍。

351
- 道德基礎好的人，腦筋永遠清楚。
- 有高度的智慧和豐富的思想，始有創造、創新的能量。
- 無核心價值的人，永無結論。
- 無私不是口號，無私心具無私的基因、靈性、思想、邏輯、天性，否則無私不起來。

- 權力的傲慢、分贓和惡鬥，應是遺臭萬年。

- 人一定要有「根」才能感恩，才有親恩、師恩、感情、懷念、回憶。

- 我很讚賞美國總統甘迺迪「評定一個國家的品格，不僅要看它培養什麼樣的人民，還要看它的人民選擇對什麼樣的人致敬，對什麼樣的人追懷。」

- 新思想、新智慧、新活水，足以使生命新鮮。

- 要有「一清到底」的智慧。

- 雖無法報恩，但莫忘感恩。

361

- 無慈悲的權力是最恐怖的。

- 教育的基本是使人類有真實意識、是非觀念和道德精神。

- 過去人性豐富，物質貧乏，現在物質豐富，人性消失。

- 讀書人的風骨在於不與權威妥協，即反對權威。現在的讀書人寧為權威的奴隸。

- 人類最高境界是道德、公義、真實，這是我的價值觀。

- 我天賦的道德、智慧和公義意識太強，在這功利社會易與人格格不入，也易得罪人，生活很痛苦。

- 人格不能多元化，物質和科技、文化才可多元化。

- 無恥為拗蠻之本。

- 有智慧、有人格的人，才有力量和責任維護公正、超然、中立、公義。

- 有是非才有原則，利害的人定無原則。

371
- 價值觀是是非觀、公義觀、人格觀。

- 要做一個受尊敬和受懷念的人。

- 能在矛盾中生活的人，必奸，必是多重人格的人。

- 人格是因無誠信而貶值，一生失信五次，人格破產。

- 是人，但無人格，何用？

- 無廉恥就無人格，無原則就無是非。

- 人格的矛盾，最易折損生命。

- 為公義的成就才值得尊敬和懷念，為私利的成就不值得尊敬和懷念。

- 不知公義也不維護公義，不是麻木便是白痴。

3 政治

0001

- 以金錢和權力操控正義和公道者，是最缺德也是天下罪人。

- 我對自然與無為而治的政治哲學有很高的評價。

- 不懂人類尊嚴的人，無資格談人權與民主。

- 政治人物什麼都比不上人，只有嘴比人硬。

- 一個領導者應有超人智慧、能力、責任感和敏銳的洞察力。

- 貪汙是亡國之兆。

- 民主、民主，世上多少人假汝之名圖利和害人。

- 我們要不二價的政府，而不要討價還價或可打折的政府。

- 不做特定人公關，要做一百二十萬縣民公關。

- 大官應酬場合大都是五四三、不倫不類，說人閒話，酒聲、酒話、髒話、聊女人，很少看到正經事。

0011

- 選賢與能也應選善與良。

- 奸臣本就是壞人，壞人無論官多大只是奸臣，應受唾棄。

- 有選舉的國家不一定是民主國家。

- 能人不一定是好人，古代宰相奸臣，壞人一大堆，現在亦然。

- 「真正做事的人最大，不做事的人最小，不管他的官位多大」。

- 先是非，後黨派。

- 執政不鬧事。身為一位父母官，每日救火都來不及了，怎有時間去點火呢？

- 身為縣長，眼中只有我的縣民，任何黨派均置之度外。

- 因政治因素而坐牢的是最有代價的，有百倍回報，甚至成暴發戶，極少數可萬世流芳。

- 處理政治問題，最好不要讓人坐牢。

0021

- 人民只可把政權交給有人性、有智慧、有良心、有道德、有公義的人，缺此條件者應拒絕。

- 無堅強的法治和真實的輿論，民主政治將成為暴民政治。

- 政府一切運作應公開化、透明化、陽光化。

- 政治人物應多談對策，而非只是批判。

- 寧為往昔有人性生活的貧農之子，而不為無人性社會之縣長。

- 民主必須以法治為基礎，非溝通（妥協）也。

- 達官顯要吃飯，全是喝XO酒，聊八卦道人之是非而已，像我不喝酒又不會說三道四，很難相容。

- 不能以特定人權或極少數人權破壞多數人權，否則將成為毫無人權。

- 民主是阿公、阿爸、阿孫都一樣大嗎？我想應有倫理，政治也許可用民主，其他人倫關係不能以民主來破壞。

- 無倫理道德的人是不講道理的，不講道理的人怎會守法？不守法就無法治可言，無法治就不能談民主，因此無倫理道德就無民主可言。

- 基本人性比基本人權還重要，無人性還談什麼人權，無人性就無人權可言。

- 無是非的人談人權無異在摧毀人權、踐踏人權，使人權的意義蒙羞。

0031

- 繳那麼多的錢（稅金）給他們（政府），竟辦得那麼差，不如自己來辦算了。

- 民主會破壞真理，真理非多數決的民主所可決定的。

- 政治無是非，但有因果。

- 喜歡作秀的人絕不會做事，也不是好人。

- 基於維護人性的責任感而參與政治，應有維護人性的尊嚴、智慧、認知、能力、責任、典範，始有資格參政。

- 台灣人過去是國民黨和中共的夾心餅，現在是國民黨和民進黨的俘虜。

- 看稿講話就不實在。

- 政治人物大部分是牛頭馬面。

- 政治修為比政治理念更重要。

- 無道德基礎的民主即是功利的民主。功利的民主，比獨裁更惡。

- 民主與法治的軟體建設是道德倫理。

- 以誠實的工作成果來做公關，不以利害關係來搞騙人的公關。

0041

- 不做無尊嚴的狗官。

- 政務官應具備之條件：一、決策能力；二、執行能力；三、解決能力；四、典範（風骨）。

- 我做官輸你們，但做事並不輸你們。

- 法治首長無裁量權，只能依法行事。

- 妥協是人治，法治無妥協。

- 官員相繼出賣公權力做好人、做人情、準備卸任後之回饋。

- 會做官的比較會出賣公權力（做人情）。

- 要做大官，只要會拍馬屁和被拍馬屁，就可當之。

- 不但要能做事，更重要的是要能「解決問題」。

- 政治人物較無人性，因為他是官不是人，會利用權術玩弄人。

- 以做事不做官的心態生活，比較平淡自然。

- 政治人物對自身利益非常在乎，對國家社利益就不太在乎了，真是「置國家社會生死於度外」。

- 領導階層以獨裁專制的心態和行為來高唱民主，台灣永無民主。

- 政治、經濟、社會功利主義太重，學校道德教育難推行。

- 缺少大公無私的絕對性格和對人類歷史不負責的政治領袖，我都不會尊敬的，反而要聲討他。

- 官場的應酬，既無感情，只有利害，是很危險的。

- 台灣政治要好，應徹底執行追蹤制度，責令負永久的責任，並依誓詞內容追蹤其承諾。

- 有是非的權威比無是非的民主好，無是非的民主是權力騙人。

- 《自立早報》徐璐前來採訪，她問我既不加入國民黨也不加入民進黨，你的政治前途如何？我如是回答：「我無自己的政治前途，只有國家子孫的前途，任何說自己的政治前途，均為自私自利的政客。」

- 競選時我連「拜託」都不敢說了，現在不少候選人還拿錢去買票，甚至下跪求票，天壤之別。

- 賄選的天下，主政者還有資格說民主嗎？應是錢主吧！

0061

- 競選說「拜託」是最無格調的,「買票」更是無法無天。
- 賄選腐蝕政治,缺德腐化社會。
- 政治人物要公私分明、是非分清、要有善惡之心,尤其要有疾惡如仇的志節。
- 有權力不做裡子,只做表面,是枉然。
- 政治是權威的價值分配,而非價格分配。

- 所謂「民主」是你歪我歪、你亂我亂,大家歪大家亂,這樣的民主大家甘願嗎?。
- 權力與道德成反比例,悲哉!
- 任何事均應從政策面考量,而非車站野雞車叫客式的作法,台灣是野雞車式的政府。
- 要永遠「做人」,不「做官」;要永遠「做事」,不「作秀」。
- 很多首長對工程完全不了解,只會破土和剪綵而已。
- 做一個元首應有定性、定見、誠信,不變來變去。
- 擔任公職應注意事項
  一、不想、不取公款分文。
  二、絕對公私分明,政府運作全程透明化。

三、國家民眾第一，絕不牽親引戚。

四、凡事「是非分明」，堅持公平、公道、正義。

五、公款比私款更重要，因此公款應節儉，一塊錢當兩塊用。

六、應具為國、為子孫之歷史觀的智慧和能力。

七、應具完整的人格典範。

- 政治人物黑、政黨也黑、時代更黑，單純的人很難過日子。

- 選票與鈔票同樣可穿透人的心，是人性的墮落。

- 看選風就可了解政治品質的好壞。

- 不講道德何以談改革，無道德的改革，越改越亂，越革問題越多。

- 政治明星只會作秀，不一定會做事，政治人物貴在會做事，並非在作秀。

- 人類基本條件（即基本人性）的維護和永續，是哲學家、思想家、教育家和政治家的責任。

- 政治人物大部分是說利害而是非不分，唯利是圖的動物。

- 政府的服務應做到人民不需要到政府機關辦事和陳情，才是最好的政府，人民如需到政府機關辦事，縱使服務態度好，亦是三流政府。

- 權力即責任和使命。

- 我不能浪費生命做騙人的官。

- 只靠權力說話即官話也。

- 現在要談革新，政務官應有神風特攻隊的殉職（辭職）精神和破釜沈舟的決心，否則是騙人的。

- 無法治的民主社會是無政府狀態的動物園。

- 大法官提名人到國民大會，到處拜託拉票，無格又不清高，實無資格當大法官。

- 日本一位大臣剛上任，說錯一句話，馬上辭職。台灣的高官做整卡車的錯，也厚顏地不辭職，縱有辭職，也在上級慰留下再幹下去。

- 酒量高的政治人物均是靠喝酒起家。這些人功利心特重，又因腦筋受酒精侵蝕嚴重，患了健忘，成為言行不一致的不負責政客。國家操之在這些酒鬼之手，悲哉！

- 政客只有利害，無是非，是最無人格的，不值得尊重、尊敬。因此我看到政客，肚內一把火，很厭煩。

- 過去政治是較有人格的人在搞，現在政治是沒有人格的人在搞。

- 內閣閣員應具條件：一、無私，二、道德，三、高度智慧，四、企業經營理念（成本觀念），五、能力（執行），六、經驗（了解實情），七、高度責任感，八、誠信，九、對名利淡泊，隨時下台的準備。

- 反對力量一旦取得權位就忘了理想和目標。

- 做大官的（包括高層）不知社會惡化、政治腐化、民生痛苦，還在唱高調，不是白痴就是無責任。

- 不誠信的人，就是獨裁者，不誠信的政府，就是獨裁政府。

- 政治人物要有風格、風骨、風範，不可為了權力而奉承，說出肉麻不衛生的話（包括違反良心）。

- 無道德和法治的民主，是反淘汰的民主。

- 台灣的民主政治是免負責任的政治。

- 政策與執行應如財務制度之收支對列，亦即「政策與執行」對列，追蹤考核才能奏效。

0101

- 真實意識的建立和形成，不僅在教育上的重要，在政治社會上更重要。

- 新加坡公權力的徹底，總比無法無天或選擇性民主好。

- 高層下鄉形式上說是關心基層、親民，其實是到鄉下炫耀權力的傲慢，被人拍馬屁、過過官癮而已。

- 說民主的又怕民主，要求人家民主，而自己又不民主。

- 做官的故意說憨（笨、傻之意）話，聽的人也聽到成為憨人。

- 收支對列式的行政革新，才能達成效率的提升。

- 每日在報上看到權貴欺騙老百姓和作秀，細胞都會受傷或消失。

- 吳作棟強調新加坡有今日的成就是政府的誠實，國民有誠實的生活習慣，台灣應效法。

- 無法治基礎又不提倡倫理道德的政府，反而強調政治民主化，猶如拉肚子又吃瀉藥，一定會死掉。

0111

- 無法治就無人權，野生動物園最有獸權。

- 無是非公義的社會，權力就是劊子手。

- 無道德與法治的民主就是假民主！一個領導人從不說道德和法治，天天只說民主，是最不負責而吃人夠夠的。

- 台灣的效率是世界排名很差的，如果說「效率高」，只有騙人的效率最高。

- 圍繞在權力周邊的人最無是非心、最無公義感，只會奉承，馬屁精而已。

- 台灣的政界很少有「政治理念」，均以其官位來「嚇嚇人家」、「騙騙人家」，暗中搞特權、搞利益，很不入流。

- 政府官員應具有負責任、效能和廉潔的倫理品質。

- 做官易，做事難。

0121

- 重新洗牌，台灣才能真正改革，否則將永遠腐化下去。

- 執政者缺乏道德修養和責任感時，這個政府將是腐敗的。

- 領導人應具高度智慧、能力和包容雅量，始可統合全民。

- 「台灣的政治人物是世界上最無格、無是非、無道德、無廉恥、變來變去、騙來騙去，拗來拗去」都是他對，只要爭到權力，啞巴也會說出聲音來。這種無知、無恥、無能、無賴的高官顯要，騎在善良百姓身上，欺壓善良、魚肉人民、踐踏是非公義，至為痛心。

- 政治如能達到公義社會，專制和民主均為次一層級的問題，如社會無公義，什麼民主、什麼專制也無濟於事。

- 高官很少有哲學修養，聽他們說話、演講，很少有logic。

- 「全方位」是騙人的名詞，一方位都無達成，還說什麼全方位。政治人物很會吹牛設計新鮮名詞來騙人。

- 領導人喜與金權黑道掛勾，足見領導人修養和品格有問題。

- 政治人物最會用花言巧語，耍嘴皮來麻醉人民，這些花言巧語比鴉片、嗎啡、安非他命更毒。

- 高官在享受榮華之際，應記起未來歷史的嚴酷裁決。

- 不少人藉權力來膨脹自己，以滿足無知的人生。

- 想、說、寫、做，一貫和一致，才是正常的人。很可惜大部分參與政治的人，想的一套，說的一套，寫的一套，做的又另外一套。

- 領導者的言行應是誠信風範，而非口舌之快。

- 是尊敬他的人格，而不是官位的大小。

- 無尊嚴的大官滿滿是，無廉恥的高官到處有。

- 總統府應有德威，可惜現在的總統府只有權威，而無德威，應知道「有德威才有權威」。

- 過去是專制騙人，現在是民主騙人，都是騙。民主騙人比專制騙人更可惡。

- 無法以倫理解決，就要靠公權力解決，否則只好讓其自生自滅、天下大亂。

- 無原則的權力者，說來說去都是他對，別人都錯，這是非常可怕的。

- 為官不正（公）是狗官。

0141
- 台灣的公共工程不少為賺錢而設計，並非為建設而設計，因此造成到處蚊子館。
- 做「官」做到無「威」有何用？「威」的來源是：一、無私，二、正義感，三、公道心，四、包青天的鐵面無私。
- 執政黨利用行政資源競選，是一種「制度性貪汙」，應立法禁止之。
- 政治人物不要永霸舞台，應讓別人演看看，猶如演戲的人不要演太久，演太久人家會厭煩。
- 兩蔣時代靠專制控制媒體，現在加上金錢控制媒體。
- 酬庸是權力上的貪污。
- 如果喜做台灣的官，我早就要加入幫派（黨）了，不加入幫派就是不想與他們同流合污。
- 政治人物樂於承認錯誤，才有救。
- 台灣的政客比生意人更厲害，可說厲害中的極品。
- 有權力無誠信的大官，是最惡劣又可怕的。

0151
- 現今敢講違背良心話的官才能生存。
- 俗話說「生意嘴糊蕊蕊」，我說「政治嘴黑蕊蕊」。

- 台灣只有御用學者而少有風骨的讀書人，學者成為御用或有錢人的工具，可悲。

- 政客與學客氾濫了整個台灣。

- 不是看他的「官位」，而是看他的「風骨」。

- 以黑金和馬屁為核心組成的政府不會好到哪裡，領導者＋黑金掛勾＋馬屁人物＝國家完蛋！

- 暗的獨裁比明的獨裁更可怕。名為民主實為專制，是暗的獨裁。

- 主政者不以道德治國，卸任後必遭清算鬥爭翻舊帳的。

- 上台時須有下台時之感受。

- 名為民主，其實是吃天、吃地、吃人民。

- 民主政治是責任政治，有權無責能算民主嗎？

- 不分區民代「只有黨意，而無民意」。

- 「要做一位卸任被懷念的總統，不要做一位卸任後被清算的總統。」要做一位萬古流芳的總統，不要做惡名昭彰的總統。在位時掌生殺之權力，人人不得不怕，卸任後人人不得不誅之、唾棄之。

0161

- 政治人物如有私心，比妓女更不如，免本錢靠那張騙人的嘴臉，罵天罵地陷害中傷、挑撥離間，製造是非矛盾，從中漁利自己。

- 為何政治人物不喜倫理道德，因無道德才可胡說八道（亂講話）、作秀騙人民、不負責任，如有道德，他們的吃根就沒有了，因此政治人物不講道德，有道德就無法吃人、吃天、吃地了。

- 現在喜做官的人要一套馬屁哲學。

- 無尊嚴的高官可憐哉！看他人臉色而做官更可憐！

- 權力如刀槍，要戒之濫用，如濫用，比強盜殺人更兇惡。

- 馬屁多競爭力自然弱，因此我說這個國家遲早會被馬屁舞倒（弄倒）。

- 做官情操最重要，很可惜台灣的大官是「非騙即拍」，談不上情操。

- 官員有情操國則興，官員無情操國則亡。

0171

- 皇帝、獨裁者的話，黑的也變成白的，善的會變成惡的，無是非、公道可言。

- 台灣的大官先要學會上香、獻花、三鞠躬。普悠瑪翻覆事件、國軍黑鷹直升機墜機案等等，大官顯要只會參加公祭秀，化解苦主的反彈，而不知責任。

- 死囡躺式的民主，是無政府狀態的民主。是有權無責的民主，是政府無能、無責，任其自生自滅的民主。

- 政治人物如心胸不寬大和不厚道，玩政治是很苦的。

- 人格與國格：人格如果以金錢為標準，就成為錢格而不是人格。國格亦然，一個政府只在誇耀外匯存底、金錢外交，而無文化藝術和有道德的國民，這個國家並無國格可言。

- 「做人是永久的，做官是短暫的。」有些是官不是人。

- 台灣的選舉不是買票便是抹黑。

- 賄選比獨裁專制更惡劣，是十足的假民主。

- 黨產千億，黨國合一、內線交易，應向世界宣告為非民主國家。

0181

- 嚴重的治安、公安、飛安均是黑金治國的結果，人民如不覺醒，仍支持黑金，則成幫兇。

- 民主化若否定倫理道德，無原則的多元化將製造價值錯亂，然後大官小官則競相混水摸魚，貪贓腐化。

- 公權力不彰，政府公信力破產，是敗腎的政府。

- 民代自肥就是反民主。

- 是錢主化而不是民主化，是無責化而不是自由化，是金權化而不是人權化。

- 白道說是政黨，黑道說是幫派，其實台灣黨利高於國利和民利應是幫派式的政黨。

- 對政敵趕盡殺絕是頭腦壞掉的頭目。

- 政治家應具哲學修為、邏輯思考和歷史觀。

- 賄選是貪腐之源。賄選不除，國乃滅亡。

- 賄選不是民主，民主就沒賄選，賄選的民主是欺騙全天下。

0191

- 高官所謂「多元化」，就是「騙來騙去」的意思。

- 台灣是政治黑金化，不是民主化，是黑金黨不是政黨。

- 台灣已成黑金島，不是往昔的美麗島。

- 台灣政治之癌：一、幫派政治，二、是黑金政治，三是權力的傲慢，四是政治人物無哲學觀、歷史觀。

- 台灣只有金權而沒有人權。

- 推翻（打倒）幫派政治和黑金政權，台灣才有希望。

- 台灣就是缺乏有理想性、有使命感、有歷史觀的領導人。

- 以個人利害經營國家，不亂才怪。

- 公器私用就是貪污，以公的資源換取個人地位或利益也是貪汙。

- 反道德、反公義的執政者，能讓人類永續嗎？能把國家統治好嗎？

- 無道德的基因不會有好的政府。

- 立委說國代是蟑螂，國代說立委是垃圾。

- 政客之間互相騙來騙去，固無可厚非，但絕不可欺騙人民。

- 無知、無恥、無能、無賴的大官是罪惡，應受歷史制裁和全民唾棄。

0201

- 無神靈的拜拜，無道德的民主，有何意義呢？

- 政治人物應具誠信的智慧和本質。

- 政商關係掛勾「以財養勢，聚勢斂財」。

- 清除假政黨、假民主、假人權，台灣才能重生。

- 不是政黨政治，而是政黨惡鬥、政黨分贓、政黨壟斷、政黨硬拗的幫派政治。

- 台灣是腐化而不是民主化。

0211

- 要遠離政治垃圾。

- 為政絕非為權貴，只求人類永續。

- 政治人物喜以假設性罵人，或假設性使你落入圈套，是最毒的。

- 專制時代重聖賢，民主時代重黑金。

- 領導者隨便罵人不但無格調，甚至是最無人權觀念的。

- 政治人物在檯面上的漂亮語言，不足採信，須看檯面下的猙獰面目才算數。

- 中央政府的盲腸有四，一為國民大會，二為監察院，三為考試院，四為資政及國策顧問。

- 官位隨時可換掉，如同衣服隨時會脫掉，但身體永遠存在。也即為官隨時會下台，但人格永遠存在，因此官位和衣服是暫時的，身體和人格是永恆。官做久，就如衣服穿久了都會臭、會爛、會變質。

- 台灣只會有金庫而不會有智庫，有些政黨的智庫是騙人的。

- 有錢的說話有錢氣，做官的說話有官氣，唯有人說話才有人氣。

- 政客的鬼話不聽、不相信。

- 無原則型的領導最可怕。情緒化、功利化是不會有原則的。

- 學術不能以拍馬屁方式為之。拍馬屁式的學者（歌頌型）是無學問的可憐蟲。

- 犧牲人格換來符號（官位和金錢）最不值得。

- 不與無人格的大官或財團為伍為友。無人格的大官財團均為大垃圾，與垃圾為伍最無衛生。

- 能做會做更要負責任（結果）。

- 我對大部分掌權者，沒有好的印象。

- 是「錢舉」而不是「選舉」。

- 政治人物喜信口開河，亂開支票，是「嘴爽」而已。「嘴爽」易害死人。

- 公權力關係不能有「忘恩負義」存在，如果有，必定會「徇私舞弊」。

0231
- 政治人物如果無高度智慧和能力，及高度道德風範和公義風格，政府自然無公信力、腐敗，會崩盤而被唾棄。

- 政治家應有風範、風格、風骨，有智慧、有公義、正直誠信、有倫理道德，這種政治家少之又少。

- 政治人物貴在誠信，誠信應由高層做起，如高層無誠信不管說一大堆好聽話，人家都不會相信的。

- 權力大的人說謊，效果高，為害大。

- 政務官應有意見、應有立場、應有看法、應有主張，否則是事務官的角色。

- 「做官心重」必無效率。

- 台灣政治人物只有「口水」和「油水」，肚裡沒有「東西」。

- 行政首長應具宏觀，整體無私的基本性格，掌握整個問題的重心，才能整合釐訂高品質的決策和法律制度，否則是負面的，禍害國家人民。

- 台灣的國會是鬥雞場和口水戰的戰場，並非解決國政的場所。

- 享有權力的人應謙卑，惟有權力謙卑的人，才有人權和民主。

- 常道歉的人，是無廉恥、厚臉的。不要把道歉當成尚方寶劍，我們不喜「常道歉」的領導人、政治人物。

- 政治家是以公義處理國政，政客是以功利處理國政。

- 政治家有公義的智慧和維護公義的本能。

- 金錢介入政治，公義自然消失。

- 垃圾步的統治才造成今日政局混亂、風氣敗壞、治安惡化、生態破壞、人性消失、無是非無公義的社會。

- 權力落入無道德的人之手，是人民和國家的災難。

0241

- 民主政治是《禮運大同篇》說「選賢與能，講信修睦。」現在是「選黑與金，騙來騙去，鬥來鬥去。」

- 做官做久了，腦筋自然生鏽，轉不動，無法接受他人意見，國事全被這些生鏽的人斷送掉。

- 許多人為了當官不說真話，還要挑戰真實，可惡！

- 「整體規劃、系統建設」是國建的基本手法。

- 無為而治的政府：一、為之於未有，二、治之於未亂。是一流的政府，也是我從政的法則。

- 有謙卑才有民主，傲慢就沒有民主。

- 當公權力成為大官（民代）的私權力時，政府必腐敗，人民將成刀上肉。

- 特權是公權力當做私權力行使。

- 「所謂透明是政府透明，決策透明，施政透明，計劃透明，過程透明，預算透明，執行透明，驗收透明、責任透明。」透明即赤裸裸，無什麼不可告人，透明即公開、不欺人，可攤在陽光下。無私才能透明，透明最公道，童叟無欺。

- 無靈性、無實力的官位有何用，只是師公懶死鬼，騙騙小民而已。

- 無透明度的政府，效率要好是很難，甚至貪腐。

- 當了官腦筋就生銹。

- 得到權力或財力後腦筋馬上退化、萎縮，可憐！

- 政治人物大部分無謙卑心和仁慈心，是人民的不幸！

0261

- 有權力的人不重證據和真實，國必亂。

- 是威信而不是威權。

- 大官做官心態佔百分之九十，做事心不超過百分之十，因此大官的「做官能力」很強，但「做事能力」很差。

- 「做事意識」大於「做官意識」，才能真正做事。

- 權力如不說道理就成暴力。

- 現代政治人物眼中無人，眼中只有權力和金錢，也即一眼為權，一眼為錢。

- 以權力斷是非，是獨裁。

- 做官一時，做人一世。政治是一時，朋友是永久。

- 蔣介石、蔣經國的時代，我都公開與他們對抗了，現在算什麼？兩蔣雖不好，但至少較重視倫理道德。

- 官員的飯局不是灌酒便是灌迷湯，因此我厭煩大官的飯局。

0271

- 學政掛勾與政商掛勾一樣。政治人物受財團支配，學者受政治左右，造成政治腐敗，學術墮落。

- 政府如不與黑金劃清界線，只有向下沈淪腐化。

- 台灣之敗在於政客，只有口水政治，而無執政智慧、良知和能力，因此成為泡沫政治。

- 現代的政治人物已脫離道德境界，只有利害，無人格可言。

- 有權力的人，什麼都不想聽，縱然聽了也聽不進去，這是權力足以使人腐化的原因。

- 竹竿接菜刀式的決策和思考必亂，酬庸性的民主是分贓政治。

- 領導者以國家權力說謊、騙來騙去、鬥來鬥去，其罪惡不可赦。

- 民主政治是功利政治。

- 沒有度量的人，不可給他權力，也不應擁有權力。

- 領導者應具「整合邏輯」的本能。

0281
- 台灣豎仔何其多？尤其政治豎仔滿天下。

- 一位領導者身邊只有投機份子、西瓜人、馬屁精、豎仔、小人、騙子，不要說是國事，就連自己都活得厭煩。

- 台灣缺政治家，政治人物連政客都不如，勉強說是「政治垃圾」。

- 人類價格化後，人的尊嚴盡失，所謂維護民主與自由的人類尊嚴，是騙人的。

- 官氣大，做事難。

- 有權力時不做，待下台（無權力）後，滿口風涼話，是標準政客。

- 政客如魔術家變來變去也騙來騙去，最會變把戲，人民只有眼花撩亂、霧煞煞。

- 學客兼政客，最可怕！

- 台灣現在是豎仔與小人當道的天下，是豎仔治國，也是小人治國。

0291

- 以個人的利害和好惡治國是最危險、最可怕的。

- 政務官應重視時間的珍貴，主持開會應分秒必爭、分分必省，才有效能。

- 「官話」和「官架」是我最討厭的。

- 任何好事、好人一經政治化，就變成壞事、壞人，可知政治之可怕！

- 政治家的培養應該從價值觀開始，必須要有：一、絕對無私，二、道德典範，三、高度智慧、理想和責任感、使命感，四、完整的人格，五、必須有立德、立功、立言的本事，六、尊重、尊敬、懷念的意義。

- 政客無資格談人權。

- 以暴發戶的心態治國，可怕！

- 民主貴在公義。無公義就不會有民主，只有官主和錢主。

- 台灣是十足的官主政治和錢主政治的國家，「民主」只不過是欺騙世人而已。

- 權力和金錢的反動勢力正在顛覆公義和真實，是國家的災難。

- 五大宗教的力量敵不過政治人物的權力破壞。

- 政客天天攻擊他人，可掩飾自己的缺點、弱點和罪惡。

- 權力的傲慢是對立、對抗、樹敵之源。

- 過去有地方士紳、人格者、有志者，均為典範。現在只有政治暴發戶、黑金、豎仔，悲哀！

- 政府的報告數字是騙政績、騙選票、騙政權而已。

- 一流的人為國家說話，二流的人為黨派說話，三流的人為個人說話。台灣的國會議員大部分為黨派、為個人說話，很少替國家說話。

- 資政即出資多的人，如大財團的負責人當資政，失去資政的意義。

- 具無私的基因和公義的基因，始有資格治國。

- 台灣的政黨就是幫派，入黨如入幫派，個個油洗洗。

- 官場炒短線、錢財炒短線，連親情也炒短線。

- 政策如能執行徹底，必須如推土機或收割機的操作，才能乾淨利落，立竿見效的。

0311

- 長期在幫派壟斷、幫派操控、幫派惡鬥、幫派分贓、幫派高壓下，國家和人民成了祭品，何等不幸！（幫派即台灣所謂的政黨）！

- 看到那些政客的嘴臉，比洪水猛獸還恐怖。

- 國民黨執政時對不當施政，我總站在公義的立場，強烈批判和反對，民進黨也不放過。

- 學者政治化、政黨化、幫派化，我最看不起的。學者應理想化、公義化、中立化，否則非學人也。

- 只要碰到黨派和執政者，道理是不存在的。

- 取得權力的人一定要謙卑，否則天下等於他家的，太可怕。

- 民主是豎仔的天堂，紳士人的地獄。

- 政策性賄選比一般賄選，罪應加十等，要辦賄選必先辦政策性買票。

- 民主的結果，過去足資為後世典範的地方士紳、有志者、人格者全軍覆滅。

- 政治人物的所謂為民服務，為公做事，均是假的、騙人的。

0321

- 政治家重公義，政客重功利。政治家是非分明，政客利害分明。政治家負責，政客無賴。

- 權力流氓（白道流氓）比黑道流氓更可怕。

- 台灣的部會首長大部分是做官臉，而新加坡的部長全部是做事臉。（從電視鏡頭可看出來）

- 宗教與政客狼狽為奸，宗教喪失功能。

- 國家不是一群豎仔所能建造起來。

- 國民有「公義能量」，國家才有希望。

- 明明是自私自利，偏偏說是為國為民……，政治人物的騙語。

- 幫派式政黨統治下的政府是全民的災難！

- 要有維護人的尊嚴和社會公義的智慧和能力，始有資格擔任領袖。

- 善良的治理和典範的治理，是政治家的基本智慧和行為。

0331
- 惡的治理產生特權、惡勢力、貪汙腐敗、貧窮、不公義。

- 酬庸用人一定是自私而不清廉的（公器私用）。

- 不少做官的只有「官格」而無「人格」。

- 以權力說話是官話，不是人話。

- 以權力的傲慢來罵人家、批判人家，欺侮人家是最惡質的。

- 執政者完全以本身利害用人，則豎仔、小人、蟑螂、蚊蟲、垃圾一大堆。

- 政黨輪替只是輪流產生新的政治暴發戶而已。

- 權力落入小人和豎仔之手，是人民的大不幸。

- 統治者如時時陶醉於權力的傲慢，天天說那些不三不四、五四三的話，人民永不會甘服的。

- 統治者應具化解對立的智慧和能力，而非製造對立的惡勢力。

0341

- 很可惜台灣現在最吃香的是言行不一的政治騙子，這種騙子均位居要津。

- 在台灣權力就是真理、公理，哪嘸你袂按怎（不然你要怎樣）。

- 權力者以褒揚令換選票，褒揚令成為垃圾毫無價值可言。

- 政府不只不除惡，甚至欺善怕惡，無法保護善良，讓惡勢力橫行霸道，造成反淘汰的社會。

- 政治家將法律當規範，政客將法律當工具。

- 古代的官以典範為榮，現代的官吃軟飯為常。

- 所謂政客即將政治當買賣的行為，大做無本生意。

- 政治人物臉皮最厚，不知羞恥，還說大話，真是無教養。

- 道德下和法治下的民主自由，才是真正民主自由。無道德、無法治的民主是假的。

0351

- 行政官員只有「做」，無做無資格說話，這是我的從政信念。

- 權力凌駕於道德和智慧之上，是蠻橫的土匪。

- 台灣數十年來的所謂民主，只是製造幾家政治暴發戶而已，無政治家出現，缺有道德、無私、有智慧、有典範的人參政。

- 傲慢的官不是好貨。

- 正派有能力的人，以實力領導。邪派無能力的人，才以口水、豎仔、欺騙、硬拗、作秀態度領導。

- 現在搞政治的人大部分不務正業，利用官位和公的時間最勤於跑婚喪喜慶。

- 專制時代：主權在王，上樑不正下樑歪。民主時代：主權在民，下樑不正，上樑歪。

- 政治人物無誠信比監獄內的詐欺犯更可惡。

- 無道德觀念的領導者是幹不出好事的。

- 政治人物絕大多數眼睛起濁，起瘋狗目，亂吠、亂咬，天下大亂。

0361 · 台灣是幫派政治、黑金政治、硬拗政治、豎仔政治而不是民主政治。

- 權力的傲慢等於權力的腐化。

- 政治暴發戶比財團暴發戶更可怕。

- 口水政治是騙人與罵人的無賴。

- 政治人物無理想性、無整體性、無國家觀念、缺歷史觀，天天說那些五四三，這款政府叫做五四三政府。

- 為國為民的組織是政黨，為黨為己的組織是幫派，台灣是幫派治國。

- 無慈悲的大官和有錢人是最可怕的。

- 幼時做官大部分是賢能之士，現在做官幾乎是豎仔之輩。

- 過去說國庫通黨庫，現在是國庫通私庫。

- 人活久了，比較烏魯木齊，自然油條。做官和有錢，由於「官化」和「金化」，更加速油條腐化。

- 賄選不除，非民主而是錢主也，是錢主政治而不是民主政治。

- 過去（幼時）歌仔戲、布袋戲，劇中有忠臣、有奸臣，有好人也有壞人，現在整棚戲都是奸臣。

- 過去反抗國民黨威權、專制、白色恐怖，不公義的那批人，走到那裡去？是不是已成為既得利益者的權貴。

- 領導階層只能說典範的話，不能說瘋話。可惜我們的領導階層，專門說一大堆五四三的肖話。

- 政治人物的話是不可信的，如果你信政治人物的話，不是會被出賣不知道的，便是死得很難看。

- 現在的大官喊「民主」與「人權」，如同蔣介石時代喊「反攻大陸」與「消滅共匪」的口號一樣，是騙國人、騙世人的。

- 過去是一黨專政，無黨反而好生存，現在是幫派政治，不加入幫派很難生存。

- 國民黨五十年負面的罪責，被民進黨五年就玩完了。

- 原以為政府是神聖的，官員是偉大的，現在才知道，政府如柑仔店（雜貨店）或瘋話站（台），官員如攤販或豎仔。

- 一黨專政時代反攻大陸，軍情首長固可由黨籍擔任。政黨輪替正式進入民主時代，如國安會不能由黨籍人士擔任，因易藉國安之名，行政黨鬥爭，整肅異己，成為黨安會，而非國安會。

- 弊案是不分藍綠也不能口水戰的，任何人均應同心討伐，除非是同夥的。

- 主政的人不檢討自己，專門檢討他人、他黨，把責任推給在野、人民，天理難容。

- 金錢與權力結合的政治必是橫行霸道、無法無天的。（對目前黑金政治、金權政治下的台灣，深感憂慮。）

- 政治幫派化、黑金化、豎仔化、分贓化後政治人物已失去人格、清高和歷史價值。

0381

- 人民無法監督公職人員說真話、做實事、不貪污、不腐敗，民主只不過是騙人的口號而已。

- 台灣的政界和讀書人很少有風骨，只有官骨和錢骨，悲哀！

- 權力傲慢的人無慈悲心，也無反省力。

- 權力不應交給傲慢的人，應交給謙卑的人。

- 治國非難事，唯有八要件：無私、道德、智慧、能力、誠信、公義、責任、典範。

- 「在幫派政治下國家勳章表揚成為酬庸和分贓利器，完全失去勳章的價值」，國家勳章成為統治者或幫派的私產，只授與對自己有利和他的走狗，真正有功於社會國家，而不拍馬屁的人，休想得到注意和表揚，因此台灣目下的勳章比壞銅爛錫不值，甚至是羞愧的，是酬庸勳章、馬屁勳章、金主勳章、椿腳勳章還有公關勳章。對立黨派或真正公義有貢獻的社會人士與國家勳章是絕緣，國家公器淪為統治者之好惡私相授受，破壞國家榮典制度，失去國史的意義。

- 不分人、不分黨，只分是非善惡。只要「是」、「善」，我就支持，如果「非」，「惡」，我就反對。

0391

- 無時間與那些五四三或不答不七（不正經）的人（大官）活在一起。

- 權力與金錢落入不德者之手，是人民的災難。

- 台灣需要具人格者、政治家和有價值觀的領袖。

- 領導階層應時時刻刻惦記、堅持原則、捍衛公義，比生命重要。

- 民主製造了不少黑道暴發戶、財富暴發戶及權力暴發戶。

- 無私是治國之本，無私是道理之本，無私除非是天生外，實難做到的。

- 國家領導人必須言行一致，絕對誠信。不知道的不要講，不能做的不要講，不會做的不要講，沒有做的不要講，沒有影（事實）的不要說。

- 人類的墮落、腐化、危機，導源於國家領導人自私和不誠信。

- 修身、齊家、治國、平天下是善的治理之本。

- 政治人物大部分是吃人夠夠的。

- 參政者大部分是政治垃圾，官越大越垃圾，人民如不設政治焚化爐處理，政治垃圾將泛濫，人民將被淹沒。

0401

- 民主不是違法亂紀，本土化不是貪污腐敗。

- 東方民主的方式，以金錢買票（賄選）得到權力，然後以權力撈錢。賄選＋權力＋撈錢＝民主。

- 不清廉的政府應打倒，不誠信的政府應打倒，不公義的政府應打倒。

- 人格不分藍綠也不分統獨，只分是非和善惡。

- 執政貪腐無能，在野白痴無知，人民無可奈何。

- 無真實和公義的權力，是不合法的，如土匪。

- 在政治市場中，上游賄選、買賣選票；下游貪污、賄賂、特權買賣。

- 司法首長不可與政治掛勾，否則司法將無法獨立。檢察總長和各級檢察長，應禁止與政黨或政治人物交往。

0411

- 貪污人人該可誅之，不能有藍綠啦啦隊。

- 政府首長只有做事、解決問題，並非解釋問題、天天說風涼話。

- 政治人物的學歷，不少是灌水的。

- 酬庸性的用人是可惡的，比貪腐更可惡。

- 民主就無特權，特權不是民主。

- 用權力說謊是最可惡的，台灣大部分政治人物均然。

- 台灣的腐敗：司法為權力者服務、權力者為財團服務。因此權力者和財團成為新的特權和惡勢力。

- 政治人物要做事，不是作秀。

- 當貪腐集團的官員有辱人格。

- 金權政治不除，永無民主可言。

0421

- 貪腐是全民的公敵，貪腐無藍綠之分，貪腐無族群之分。如果貪腐仍有藍綠之分、族群之分，就無是非了。

- 政治人物大多是吃銅、吃鐵、吃天、吃地、吃人民、吃政府的垃圾。

- 政治人物大多是靠耍嘴皮，只有漂亮、美麗的謊言、心術不正、不善不德，厚臉無恥之徒。

- 台灣只有炒短線政治，割稻仔尾政治。

- 貪腐的國家是無競爭力的。

- 無公義的權威就是獨裁專制。

- 沒有道德在生意上為「奸商」，在政治上為「奸臣」。

- 公義抬頭，政客必亡。公義是政客的死對頭。

- 面對權力，人自無品，面對金錢，自無格。

- 台灣的民主是權力當為主政者私人工具。

- 權力不是「五四三」，更不是「不三不四」。

- 政治不是罵來罵去、鬥來鬥去、騙來騙去、害來害去。

- 權貴是一時的，人格是永恆的。

- 公義是人類自由平等的起碼。民主、法治、人權是達到公義的手段。不公義的社會，民主、法治、人權等於零。

- 公信力崩盤後，領導人只有說五四三的瘋話。

- 沒時間陪政客搞來搞去、玩來玩去、騙來騙去，只好沉澱、自省。

- 公事不是道歉了事，須負政治、民、刑責任，道歉只不過是羞恥的禮貌而已，尤其政務官道歉一定要下台。

- 解決台灣的政治用挖土機是不夠的，必須用推土機才有效。

0431

- 執政黨不可欺侮在野黨。

- 意識形態是預設立場，無討論的空間，卡死了。

0441

- 拗蠻的人得到公權力，將是黑天暗地。

- 有公義層次的人，始有資格談國事。

- 過去奸臣弄政，今奸商（財團）干政。奸臣、奸商禍害台灣。

- 幫派式的政黨只有黨意而無民意，因此台灣只有黨史，而無國史。

- 台灣政客嘴臉可彙整成冊，還原真面目，留給後世唾罵。

- 台灣應發動司法革命來捍衛司法獨立、司法權威（尊嚴）和司法公信力，徹底剷除貪腐，政黨、高官、民代介入。

- 面對台灣的政治人物，所謂仁義道德、人格、公義、仁慈、原則、真實、誠信、典範，全然消失，台灣人該死！

- 司法人員及醫生不應有政治色彩，否則與司法或醫生不同色彩的人，一定倒楣，甚至連生命都會休了。司法人員或醫生如對政治色彩那麼濃厚，應去當政客較適宜。

- 權力的陽光化、透明化、公開化，才是真民主，北歐國家均然。
- 所謂透明化、陽光化、公開化是從計劃、決策、執行、成果到責任。
- 高喊民主而權力不透明化、陽光化、公開化，而是黑箱作業，比獨裁專制更惡劣。
- 很多號稱民主國家，以選舉來掩蓋他的獨裁專制。
- 權力不透明化、陽光化、公開化，縱有選舉也絕對非民主國家，國人不要上當。
- 無私的獨裁，勝過自私的民主。
- 台灣應制定權力陽光法（透明法）。
- 選舉只不過是民主的程序而已，真正的民主是權力陽光化、透明化、公開化。
- 權力透明化，貪腐自除。
- 民主、自由、人權是政治騙子的三張切牌。
- 民主國家統治者不可口水治國，而是以典範和能力治國。
- 現在做官的一大堆，受尊敬的無幾人。

0461

- 一位領導者頭腦應清楚，講話要清楚，做事要清楚，業務要清楚，責任要清楚，公私要清楚，是非要清楚。

- 要有清正的政治，即清廉和公正的政治，因此為官應清正。

- 腦筋退化的人，不可參政。

- 為官不正，狗官也。

- 政治人物應有大是大非的智慧。

- 台灣的政治人物只要敢騙、能騙，就是老大。

- 台灣馬屁學、巴結學相當發達，有不少大官和學者可能得到馬屁學博士學位。

- 要做堂堂正正有骨頭髓的人，不做無骨氣的大官顯要。

- 面對選票就無好壞人之分了。

- 政治最好騙，因好騙，不少人靠搞政治起家，而成暴發戶。

0471

- 官員不可輕易道歉，如要道歉須負政治或法律責任，非空道歉而已。

- 有智慧、有能力、有責任的官員應做到無瑕疵、零缺點，媒體找不到毛病。

- 大官帽蓋住下，裡面均為細菌、毒蟲。

- 酬庸性用人、分贓式用人、馬屁式用人均非好貨。

- 無高度和廣度如何治國？領導者如無治國的高度和廣度，無從治起。

- 台灣的政黨，是幫派，更是惡勢力。

- 台灣的領導者缺治國理念、治國智慧、治國能力和治國風範。

- 台灣有詐騙集團，其實政黨正是大詐騙集團，他們是騙政權，其他詐欺集團是騙錢財。執政者從賄選、大開不兌現支票、作秀、騙來騙去、豎來豎去、硬拗，實十足的大詐欺集團！

- 做官如無風骨和清高，是白做的。

- 御史大夫的基本條件：風骨、清高。當今監察委員很難找到有風骨和清高的人，大部分為御用的。

- 要說做事的話，不要說做官的空話。

- 主政者只有被批判、批鬥的角色，無資格批判、批鬥他人。

0481

- 台灣之敗在於主政者不知本身角色。主政者只有做事、解決問題的角色，主政者不得批評他人，更無資格罵人。

- 台灣的民主成就只是造就些政治暴發戶，其來源：一為選舉財，二為權力財。

- 道歉是貪腐無能政客的遁詞。

- 所謂政黨輪替，其實是「做官輪替」、「特權輪替」、「分贓輪替」、「利頭輪替」，也是「作秀輪替」而已。

- 政治人物絕大部分缺德，很少有道德修為的政治人物。

- 一位卓越領導人應具歷史責任感，高度的道德觀、無私、智慧、公義的天性，且是一位正直君子。

- 民代自肥是公權力的土匪。

- 政客不會有慈悲心。

- 做官要說公道話，勿說官話，更不可說黨話。

- 無原則的大官，是惡官！

- 有私心的人參政絕對無法辦好政治，其有無私心端看其用人和行為自明。

- 無公義的政治制度對人民均不利，無公義的民主不比獨裁好。

- 專制政治，民主政治，透明政治。透明政治是最公義、最清廉的政治制度。

- 政治人物無是非之心，必是敗類。

- 酬庸比歪哥（貪汙之意）更可怕。

- 無能的政府，人民才抗爭。

- 對立性的抗爭如要理性，不如不抗爭，多此一舉。

- 官員表面上說「愛台灣」，其實是「愛做官」、「愛錢財」。

0501

- 寧為烏鴉不為狗官。

- 人為的大部分是假的，但政治人物最假。

- 所謂民主就是無政府狀態，可說是黑金和大官做主而已，人民算什麼。

- 人民無智識和能力維護選賢與能，所謂「神聖的一票」是騙人的。

- 酬庸比不沾鍋可惡。

- 馬英九號稱不沾鍋，但他的說話都沾鍋，說話沾鍋就是不誠信。

- 為什麼有權力的傲慢，因取得權力的人，大部分是走雲頂，忘了自己是人，而不知人間煙火。

- 無風骨的官，即狗官。

- 經數十年的觀察，政治人物大部分缺品德，然均能言善道，騙來騙去的職業豎仔。

- 政治人物大部分是旺祿仔仙（江湖術士、賣藥郎中之意）。

0511
- 智慧潛能和做事能力是檢驗政治人物好壞的試劑。

- 有超人的辯才而無做事能力是最壞的政客。

- 政客一貫伎倆是將清楚的事以權力使其模糊，將單純的問題故以複雜化，而從中取利。

- 杜絕賄選唯一辦法，政黨提名人，賄選判決確定應註銷該政黨。

- 台灣政治的腐敗在於酬庸用人，是私行為的結果，好人才難出頭。

- 有人說官大學問大，其實錢多學問更大。因他們是以官和錢在說話，並非說人話。

- 人民均被美麗的語言迷失，甚至麻木不仁了，可悲！

- 公事不需用親信，私事始可用親信。

- 不少政治人物著書立言，大多是展現權力的傲慢和炫耀，而我的書是做事和行事風格。

- 餐館和殯儀館是政治人物最喜歡，出入最多的場所。

0521

- 炒短線的用人是低劣領導人，最自私而無責任的行為，所用之人如廢物。

- 誠信是政治人物的生命，無誠信就沒命。說一句謊言應立即下台，非道歉所可了事。

- 政壇上每日看到那些口水、小丑霸佔著，台灣還有什麼希望呢？

- 金錢落入不德者之手，人民將遭災殃，權力落入不德者之手，國家同樣受災難。

- 台灣的司法並非獨立，而是司法獨裁。

- 第三勢力不是政客的大本營，否則怎能超越藍綠，第三勢力應是有公信力政治人物的組合。

- 政治人物大部分是吃軟飯的。

- 做官應說動態的話，學者才可說靜態的話。

- 我是永遠的一加一等於二，但政客大部分是一加一等於三、五、十⋯，吹不累。

- 台灣的中立、公正人士被藍綠消滅，剩下的只是靠邊的政客、學客而已。

0531

- 做大官的回憶錄應是做事史，而不是炫耀做官史。

- 台灣是「道歉治國」的國家。

- 陽光化、透明化、公開化是政府公義和清廉之本。司馬光「事無不可告人者」，美國人說「like an open book」即此意。

- 官員以公的資源搞選票，是公然賄選。

- 不德之官，邪官也。不德之神，邪神也。得不德之財之官，惡官也。得不德之財的神，惡神也。

- 現在的政治人物大部分是妖魔鬼怪，還會飛天潛地吐劍光，很難受。

- 台灣的壞人最好做，賺人家不知的黑錢或不德之財，捐些給政黨或高層，這些無恥的政客一通電話就到，比召集令更有效。這些不德之財捐給寺廟也可當寺廟的主任委員，只要有黑錢或不德之財可捐，高官、政客連神也聽命於他，亦即可藉神和高官或政黨的關係提高其身價，以謀更多不當之名利。

- 做事的人最大，不是做官的最大。無法做事的大官最小。

- 無公信力的人，主導這個國家、天下必亂。

- 無恥與禽獸無異，台灣政治人物大部分是無恥之徒，亦即禽獸在主導這個國家，台灣人真是倒楣。

0541

- 無誠信的政治人物是垃圾。

- 這個社會當「應聲蟲」就有大位坐，不少大官（首長）說話時，只要能當好「應聲蟲」角色，你不怕沒大官做。

- 高官顯要面對「有錢人」寧當「細漢」「小杯」都不願有尊嚴，很悲哀！如此，國家還有什麼希望。

- 民主的結果只有利害與選票而無是非、無羞惡、無辭讓、無惻隱之心，亦即失去人性。

- 民主而無陽光化、透明化、公開化是假民主，絕難達到民主的理想。

- 台灣無「法治」只有「黨治」。

- 依靠黨派生存的人只有黨利、派利，無是非、無公義，是較自私自利的人。

- 說「利害的人」來說「民主、自由、人權、公義」會笑死人。

- 為了名利，每日過著言行不一、心術不正、騙來騙去的矛盾生活，枉費一生，大部分政客和富人均然。

- 權力的主觀，權力的傲慢，權力的濫用，均為私權行為，是權力之私。台灣的高官、民代，大部分把公權力當成他家的。

0551
- 鈔票與選票是掏空人性、掏空地球的兩顆核彈。

- 鈔票與選票掛帥下，人格者、有志者、地方士紳自然消失。

- 政治家對人性的維護和人類的永續應有高度的智慧、能力和責任。

- 無道德和公義意識和使命感的人搞政治，對人類社會必害。

- 司法受破壞已進入膏肓階段，如不用重藥，難有存活率。

- 民主社會是「錢」在做人，而非「人」在做人。

- 無誠信的政治人物，選舉只不過是一場詐騙的群英會。

- 幫派式的政黨是靠公權力來保護惡勢力和特權，難怪特權和惡勢力現在那麼囂張。

- 政治煙火化是台灣政客最愛。

- 政治人物的嘴臉是最虛的，看了會衰（倒霉）也感痛苦。

- 事實（真實）是不可爭辯的，真實在台灣還要看藍綠的臉色始能存在，藍綠連真實都不放過，實在可惡！

- 「民主無特權，特權非民主。」
  最近宇昌事件鬧得藍綠火拚，有科學泰斗介入參戰，我想國事、公事均應一切依法、依程序處理，勿因人而定，須知道民主一切依法、依程序正義，不能有特權，就是國王也無特權，Nobel獎也無特權，如果國人沒有這種常識，談民主會笑死人。

- 台灣只要藍綠存在永無青天，只有藍天或綠天。無青天的台灣，人民活得很痛苦。

- 有人說政治人物能力強，我看過那麼多人，大部分是說謊能力強，不知見笑能力強，硬拗能力強，豎仔能力強，真正做事能力的不多。

- 「典範和能力是政治人物的靈魂。」，可惜包括政治人物、媒體名嘴、部分選民不把典範和能力（真正）看在眼內。

- 政治是具體（事實）而非抽象（空氣）。

- 無執行力的官是狗官。

- 鈔票和選票是使人無是非的毒源。

- 民主就無特權，特權絕無民主。

- 所謂特權就是惡勢力。

- 民主社會「做事尚大，做官尚小」。

- 領導人本身的無私和公信力，是決定領導者成敗的先決條件。有私心和失去公信力的政客，將把國家和人民當成他的提款機。

- 權力落入無公義心的政客之手，政治定腐敗，人民必遭殃，國將不成國。

- 立委娛樂化，大官小丑化，國家泡沫化是國人的不幸。

- 當官應解除人民的痛苦，培養有道德情操的國民，主持社會公平正義，規劃國家發展計劃，保護地球的完整，為了子孫永續而謀，這就是

做官的責任，應有能力做到，而非口號，亦非標語，這是我當官一貫的作為和行動。

· 道德是民主之根，道德是人權之根，是自由之根，是法治之根，是公義之根。無道德的民主是騙人的民主，無道德的人權是騙人的人權，無道德的自由是騙人的自由，無道德的法治是騙人的法治，無道德的公義是騙人的公義。政客的嘴臉滿口民主、自由、人權、法治、公義是假的，是騙人的。

· 當前台灣的三惡
一、政治惡勢力：政治人物無能、無知、無恥、無賴，貪污腐化，無人格典範，自私自利權力的傲慢…。
二、司法惡勢力：司法人員無道德、品格，無公正正義感，司法威信掃地，司法獨裁，司法成殺手。
三、媒體惡勢力：無公正的輿論而有藍綠的輿論，媒體無是非，只有利害，失去輿論的正義，輿論成為政黨的工具和打手。
三惡不除，國乃滅亡。

· 民主、人權、自由、法治均建立於道德基礎上，無道德，什麼民主、人權、自由、法治均免談。美國水門事件，尼克森竊聽民主黨

信息，違背道德、立刻下台，在西方民主國家中，政客如有違背道德、政治生命很快結束。

- 我一生孤掌只以「倫理道德，公平正義」八個字為靠山。與那些招群結黨營私以幫派（台灣政黨）惡勢力為靠山、違背公義、魚肉人民而享盡榮華富貴的政客有異。

- 台灣的政治人物大部分只在炫耀做官的堂皇資歷，但很少有做事的事蹟。

0581

- 台灣之敗在於「權力大學問大」「權力大責任小」「權力大越缺德」這種結構下的政府，定是反淘汰，惡性循環，腐敗、墮落的。

- 台灣的政治人物，大部分是豎仔和騙子，無公信力的人誰會相信，除非是白痴或瘋人。

- 國人無道德修為，所高喊的民主、自由、人權、法治均是空喊的，是喊假的，只是政客騙取人民選票和稅金的招術而已。

- 我喜歡有「目標」的工作，而不喜歡只為「生活」的工作。

- 現在民主政治是無是非政治，也是功利政治，無是非的政治就是無公義的反淘汰政治。今日世上人性和地球被掏空，就是無是非而只有功利的民主造成的。

- 有黨派色彩的人，不敢說公道話，如敢說公道話，很快就被開除或趕出去。

- 台灣的大官最會做秀，災害時有災害秀（風災秀、水災秀、地震秀…），過年時有發紅包秀、花燈秀，節慶時有煙火秀，還有剪綵秀，真是秀不完，僅脫衣舞秀還沒看到，將來為選票也許會看到他們的下海秀。

- 所謂民主只不過是把專制的權力，分給較多政客之手而已，對人民是有名無實的好處。（由法國專制到人民革命過程和現代政治社會有感）

- 無實力的官才靠公關生存，有實力的官是靠政績生存。

- 利害是政治人物的溫度計。

- 現在不少政務官是靠其主子呼吸而生存的，沒有風骨可言。

0591
- 過去的大官是為榮譽和人格而為，現在的大官是為口袋和囂張而為。

- 無道德的民主，造成政治人物騙天、騙地、騙神、騙鬼、騙人的特權。

- 國民黨黨產如無解決，台灣永是跛腳的政黨政治。

- 對人民、國家、社會有正面的、有效益的才規劃、才做，大部分的人只是做熱鬧、做爽的、做秀的、做自己利益的。

- 無品格、無內涵的大官演講時，只有獨門的「選舉語言」而已。

- 領導者酬庸用人是最自私，最不負責的行為，而被酬庸的都不是好貨，是劣貨。

- 做官的人，大玩權力遊戲，緊抱官位而爽，有錢的人大玩金錢遊戲，緊抱鈔票而爽，有道德的人過著溫暖天倫的生活，緊抱道德而爽，可能比抱著權力和金錢更爽。

- 知恥和誠信是政務官的靈魂。

- 現在做官只要靠關係和黨派，輪不到真正賢能有品德的人。

- 白道幫派（政黨）比黑道幫派更險惡。

- 無責任的政府，無資格向人民課稅。人民雖有繳稅的義務，但對無責、無恥、無知、無賴、無能的政府應抗稅。

0601

- 無黨靠實力長大，有黨靠黨派而坐大。

- 無是非的民主，無道德的民主，無公義的民主，只有選票的民主，只有鈔票的民主，與專制威權政治有何不同！

- 做官的一大堆，做事的無半人。

- 台灣的大官（院長、部會首長…）無政績史亦無典範史，只有傲慢史和好康史。

- 政壇如永被這些阿貓、阿狗佔住，台灣是沒救的。

- KMT的大官一卡到底，吃盡KMT，現在又跨海吃共產黨，令人驚嘆不已。

- 馬政府不僅是敗腎政府，都正在洗腎過日子。

- 台灣名為民主，實為民奴也。

- 台灣不少權貴終生均靠威權和惡勢力長大，並享高度榮華富貴，是一生吃軟飯的。

0611

- 掌控權力的人如無法展現道德力、公義力、執行力和典範力是罪惡，以權力做反道德、反公義、反典範，天理昭彰必遭天譴。

- 最討厭終生吃銅吃鐵的幫派分子（政黨）。

- 台灣政治搞不好，主要是主政者不知也能行。

- 藍綠本質一致，只是利頭不同。

- 政治就是管理眾人的事，管理者應有良好的哲學基礎和邏輯思考，始有政治家出現，才能成為優秀的管理者，為國家為眾人做好角色。

- 最近我覺得民主、自由、人權是政客騙取人類的美麗語言，不獨無法達成真正的民主、自由、人權，還破壞人性、掏空地球，因此必須對民主、自由、人權加以分解，進一步了解民主、自由、人權是否會破壞人性掏空地球的元兇，是一個目前必須慎加探討的課題。

- 台灣的政治人物不懂哲學也無哲學修養，當大官大位，不獨政治辦不好，還造成今日社會反淘汰的結果。

- 我一生均站在不滿政府角色，也即反政府的角色，從威權的學生時代一直到擔任彰化縣長、行政院政務委員、中選會主任委員任內，表面上是當官，實質上對整個政府的作為，不公不義均忿忿不平地在心中蒸發，悶悶不樂地暗吞心內血，一直到退休近十年更加變本加厲，也許我對政治太理想化，太嚴肅化、太典範化、太道德化之故吧！

- 無私才能單純化，才能解決問題，自私自然複雜化，不獨無法解決問題，還製造很多問題。
- 無是非之心的領導人，必是昏君，世上有不少昏君。

- 古代皇帝「君無戲言」，今之總統「誠信破產」。
- 台灣的大官祇有師公嚇死鬼的效應而已。
- 什麼叫做「死豬鎮砧」，就是無知、無恥、無能、無賴之徒，壟斷政府要位之意。
- 靠黨派吃飯的人，如吃軟飯，這種人是廢料。
- 在黑金體制下，民選公職人員大部分是米蟲。
- 政客重自己，政治家重下代子孫。
- 台灣的大官只有「做官」史，而無「做事」史。
- 大部分的人寧做官而閉氣，而我寧吐氣而不願當官。
- 公職人員無資格說謊，說謊就要下台，甚至違法。一般人民如有說謊，人格破產。
- 有名氣、有地位、有權位的人對當代政治社會應有正面實質影響力，才值得尊敬，否則只是木雕花瓶而已。

0631

- 我最怕政治流氓，讀書流氓，財富流氓，這些人是不講理的，用官位、學問、金錢壓死人的。

- 破壞民主價值的兩顆核彈是鈔票與詐騙。

- 權力與財團的結合是民主的共犯結構。

- 台灣的大官最好做，出事不負責，只以「道歉」「檢討」民代就滿足，人民也滿意，完全無政治常識，也無法律常識。

- 政治是說「策略」並非說「口號」。

- 曾居高位的大官（總統、副總統、院長、部會首長、縣市長…），如無典範和績效內容，將是罪惡，應被唾棄。

- 貪名聲不亞於貪金錢，公職人員喜作秀膨風，就是貪名聲。

- 政治不可走雲上（頂）也即空談宣傳，必須落地落實，否則一切都是空的，騙人的。

- 喜作秀的大官，大部分說未來式，不講現在式和過去式，因未來式看不到，易騙人。

- 民主政治是權力與財團的結合，比獨裁專制更惡，形成新暴政。

- 台灣的勳章、獎狀、褒揚狀是分黨派的，不值錢。土匪頒發的勳章、獎狀，沒意義。所謂土匪是無德、無知、無恥、無能、無賴、無公平正義的政府和政客。

- 紅包固為華人文化，但若由總統等官員帶動發放紅包，就成封建專制。

- 我參與政治，是來做事，不是來做官的，因我不會做官，只是做事的料子而已。

- 幫派比黨派好，因為黨派是暗的黑道，幫派是明的黑道。

- 靠黨派吃飯的是吃軟飯的，台灣不少大官是一生吃軟飯的。

- 只有國家利益，人民利益高於黨派，道德公義高於黨派的政黨始有存在的價值，否則是吃人黨，也是土匪黨。

- 有政黨就無是非，無是非就無公義，因此政黨無資格說公義，政黨說公義是騙人的。

- 台灣的司法是財團犯罪、大官貪腐的護身符，司法碰到財團或大官就轉彎，放慢、拖拖拖，最後不是無罪便是輕放。

- 寧說真話，可不做縣長（反對無供水收水租）。

- 傲慢的人取得權力，人民該死。

0651

- 政府要有能力做事，解決問題，以事實成果報答納稅人，靠包裝或耍嘴皮或媒體欺騙人民的政府是詐騙集團。

- 總統是人，財團也是人，博士也是人，如果這些人無基本做人的倫理道德修養，不是禽獸便是妖魔鬼怪，人民將遭殃。

- 公權力＋硬拗＋豎仔＝絕對腐敗。

- 好的政府，自無抗爭，壞的政府，抗爭有理。

- 人民抵抗權的行使是天賦人權，對腐敗、無能、無誠信的政府人人均應唾棄之。挺9%的政府不是無是非便是白目。

- 所謂「法治」係指政府應依法、守法治理之意，並非指人民而言。如政府不依法，守法治理，就成「人治」了，怎會有「法治」。

- 做官無法為人民解決問題，無法為國家做事，就是缺德。

- 只要沒有尊嚴，不怕沒有官做，現在大官小官均看統治者的臉色呼吸，自己沒靈魂、靈性存在。

- 國人不誠實也不知廉恥，亡國之始也。
- 無是非之分的政黨才須政黨惡鬥，才有政黨分贓，永無公義的一天。

- 無公義的政黨比土匪更兇惡。
- 政黨把持，政黨壟斷，政黨分贓，但政黨從不負責，無黨派的人民只繳稅金又要嚐到腐敗政黨的敗績。
- 我的參選是「找事做」並非「找官做」。
- 政府無公信力，大官無公信力，司法無公信力，社會自無公信力，天下不大亂才怪！
- 政治人物和財閥為了追求官位和金錢，爭到目睭起濁，起肖狗目，到處亂吠、亂咬，人民受不了。
- 藍綠不獨金錢的分贓，連授勳或表揚也分贓的。
- 我最討厭官僚和錢僚。
- 權力私有化，貪瀆腐敗自生。
- 公務員將公權力當成賺錢的資源，自成貪污共和國。

- 取得權力的人，因傲慢及被拍馬屁而成昏君，不喜賢能，不用好人，只能近親繁殖，用那些與他有密切利害關係的庸才劣貨，因此滿朝奸妄，無知、無能、無恥、無賴的豎仔，貪污腐敗之徒掌權，國家、人民只好嗚呼哀哉！

0671

- 民主如無絕對公義和獨立的司法，民主是騙人的。

- 台灣的政黨缺道德性、公義性，藉公權力來魚肉人民，圖謀自身的快感。

- 政治家的生命是理想、理念和典範，不是做官，不是官位，政治人物的主張如無法實現理念，理想，再說一百年也無效，只不過是將主張當成生活而已。

- 民主是玩鈔票和選票的玩意。

- 民主掏空人性和掏空地球的基因。

- 錢財是弱化公權力的特效藥，也是權力的軟骨散。

- 以德治為主，法治為輔的政治，才是好的政治。

- 可相信有公信力的人格者，而不可相信無公信力的大官。

- 我是台灣本土而不是民進黨或國民黨。

- 在美、日、歐稅收增加可繁榮國家。在台灣稅收的增加是肥了政黨和官員。

- 黑道推倒你，然後用腳踏踏就算了，但政治人物踏踏之後還用腳揉揉而後快，因此對政治人物應特加小心，是笑面虎，不是被利用便是受糟蹋。

- 搞政治不謙卑是政治垃圾。

- 台灣政治垃圾特別多。

- 台灣的民主是黑金集團和詐騙集團的天堂。

- 政黨是集體搶劫，幫派是個體搶劫。

- 檯面上的政治人物，哪位有公信力，只靠那張利嘴，到處硬拗、豎仔步，以猙獰面目，騙來騙去，吃來吃去，搞來搞去，是標準的人渣、垃圾，悲哀！

- 無公正公道就無人格，加入黨派的人，必須偏袒或忠於其黨派，無公正、公道的神經線，很少有人格。

- 每逢選舉，各黨派均日夜拚選票，一旦當選只撈利頭認真外，其餘均在做官不做事。

- 只有藍綠之分而無是非之分的是患精神分裂症。

- 司法無公信力，民主將成惡勢力的溫床。

0691

- 司法獨裁比政治獨裁更可怕。

- 民主只有利害，無是非可言，亦即「民主為無是非之本」。

- 無內涵的任何官位都不值得我羨慕和感受。

- 做官的與人性成反比例，財勢的與人性也成反比例。

- 為官不正是垃圾官。

- 是反對特權而不是反對專制。

- 今日掏空人性和掏空地球，民主制度是罪魁禍首，民主是產生特權之罪源，有特權自無公義，無公義任何民主都無意義，因此有特權的民主比無特權的專制還差。民主制度今日失敗原因是選舉金援，因此金主和樁腳成主政者酬庸官位或利益輸送的對象而產生特權，自無公義可言。

- 台灣的民主不談道德和公義，是一種畸型政治。

- 無是非的團結非團結也，是假團結。

- 民主政治就是幫派政治，也是黑金政治，更是詐騙政治。

- 法治是民主的剎車器，無剎車器的民主是爆衝、爆亂、暴政、暴民的社會，是最危險的。因此有絕對的法治才有真正民主，否則將淪為動物園內的民主自由。

- 法治是民主的靈魂，無法治就無民主。

- 做官玩權力遊戲，富人玩金錢遊戲，百姓玩自然遊戲。

- 私心重，什麼道德、倫理、智慧、慈悲、公平、正義，什麼人權、自由、民主均不可能。

- 台灣是「名嘴治國」，可惜不少名嘴本身並無公信力，人民竟聽信這些無公信力的話，這個國家還有什麼希望呢！

- 不獨要公私分清，更要是非分明，這是人的起碼。

- 在台灣，有是非心、有正義感的人，加入政黨或幫派穩死的。

- 無能力又不負責的政府，才靠鎮暴警察治國。

- 不獨政府的組織要健全嚴密，更重要的是領導者腦筋的組織更應嚴密健全、有系統、有統合，否則難領導健全有為的政府。

・民主無黑箱，黑箱非民主。

・透明、陽光、公開，才是真民主。

・面對詐騙集團（政黨）和豎仔（政客）人民受不了又無奈。

・在台灣的政治人物和媒體名嘴，大部分私心重，只有顛倒是非的能力。

・吹毛求疵、雞蛋裡挑骨頭的自稱名嘴或政治評論家的言論，能聽嗎？能相信嗎？應是台灣永鬧不完的亂源。

・要有官威而不要官僚。

・台灣的藍綠
　一、搞錢、搶錢、貪金錢。
　二、搶著穿梭喜喪事，競扮孝男的競爭力全世界第一，貪時間。
　三、用美麗的政治語言高唱民主，實為詐騙，來魚肉人民。

・對政治人物不可讚美，因他們是吃政治的人
　一、要吃賭也要抄賭。
　二、要名也要利，名利雙收。
　三、言行不一，說的一套，做的又另一套，是詐騙家，又吃香喝辣。

- 政黨是幫派合法化的名詞而已，本質上是幫派。

- 民主的基因是道德，人權也是道德，無道德就無民主、無人權。

- 很可惜，無良心（天良）的名嘴和政客把持媒體，使整個台灣黑雲密佈，永看不到青天。

- 民主政治是透明政治、黑箱是專制政治。

- 台灣的高官大部分均在搞公關，在搞公關中如何取利，心中從無國家、人民，也不會為人民國家的理想和權益設想。

- 無政治道德，無政治良心的人或政黨主政，則政府皆敝，人民必殃。

- 過去有不應得的財叫做「橫財」，現在有不應得的官叫做「橫官」，過去是科舉制度，憑實力考試及格才能當官。現在是幫派政治，只要敢死，敢硬拗或用盡豎仔步，就可騙到官，我稱為「橫官」。

- 台灣的政治人物大部分是豎仔，而政黨是詐騙集團。

- 國民黨是萬惡之源，自己貪腐敗亡又牽成反對黨好康，反對黨擡面上這些人（當過民代

或政府高官）罵倒國民黨，也照樣油洗洗，自己腐敗又製造反對黨好康，你說這不是萬惡，什麼才是萬惡。

- 做錯誤，無感覺、無反省又囂張，台灣政治上有這種無廉恥的人，可怕！

- 政治如果不是典範，我一點興趣都沒有。

- 民主政治是豎仔的天下。

- 在台灣，大官大騙，小官小騙。

0731

- 截稻仔尾的人，不知感恩，此種人，心狠手辣，才會截稻仔尾而不知恩，現在政界人士大部分如此。

- 政治是「典範」而不是「做秀」，台灣的政治人物做秀一流，典範很難找到。

- 為什麼政治人物和名嘴不敢強調道德，因他們對本身的道德無信心。

- 一位政治家身後留給後代的是典範的痕跡，而不是在於官位大，任官久。

- 政治人物大部分是說「好康」「利頭」，很少說「道德」「學問」「智慧」「能力」「誠信」「典範」。

- 政治人物的誠信度比生意人差，他們的說謊空間是無限的。

- 有私心的政治人物，絕不可能改革，更不可能解決問題。

- 台灣不少大官，官位大、權勢大，但肚子裡空空，腦子裡也空空，還滿口空話。人民只好陪著虛度一生，聽一大堆不入流的肖話。

- 無是非心、無公道心、無公正心、無公平心、無正義感的大官顯要是人渣、垃圾，不是人也。

- 馬英九是清官的昏君。其他不是貪官的豎仔，便是傲慢的小人。

- 有道德的人，才有智慧。

- 藍綠心中並無「台灣」，在「惡鬥中分贓」才是他們共同目的。

- 只要有藍綠，就無台灣主權（國家主權）。

- 有色彩的政客，不是傲慢集團便是詐騙集團。台灣唯有無色彩的人才能救。

- 我不做藍色啦啦隊，也不做綠色啦啦隊，只做台灣和公義啦啦隊。

0741

- 靠幫派起家的大官、民代，大部分是吃天、吃地、吃政府、吃人民，欺侮老百姓的毒蟲。

- 政治家不會使政敵難堪，有智慧的政治家會使政敵心服。政客專門報服政敵而後快。

- 酬庸的、不是特權就是劣貨。

- 政客無靈性，也沒人性。

- 台灣只有「官氣」「錢氣」「邪氣」而無「骨氣」「正氣」「人氣」。

0751
- 台灣有「政客」無「政治家」，有「文客」無「文學家」，有「學客」無「學者」。

- 台灣已陷於貪腐集團和詐騙集團的統治風暴中，痛苦的人民永難逃生。

- 玩三種行業最夯1.搞政治，2.開廟寺，3.做兄弟（黑道）。

- 廉能之官必是「公私分明」「是非分清」。

- 幫派政治，藍黨敗腎，綠黨硬拗，永無公義。

- 政治之私最可怕，將成私天下。

- 現在的政治人物不是妖魔鬼怪，便是政治植物人。

- 選舉掏空人民，肥了幫派政客。

- 現在搞政治的人，不是詐騙集團，便是豎仔，悲哀！

- 文化人應中立超黨派，永為監督者、批判者、反對者，才受尊敬。一旦介入黨派就沒文化了。

- 有原則的官是永恆的，雖無官職仍受尊敬，無原則的官是一時的，一旦下台即受唾棄。

- 權力不獨要謙卑，更要慈悲，否則權力就成惡勢力。

- 一、選舉時花言巧語，騙取選票。
  二、當選後以權力當收紅包和貪瀆的工具，大做無本生意，個個成暴發戶，還要無知的台灣人，拍馬屁，真可惡！

- 現在的政客只會利用你，而不會尊重你。

- 有官位而無官格。

- 台灣的政黨是詐騙集團，政治人物絕大部分是豎仔，詐騙和豎仔當道，台灣和人民只不過是綠藍的俎上肉而已。

- 台灣相爭做官，但做事無半撇。

- 解決比改革重要，改革是抽象名詞，是政客一貫騙詞。

- 是解決之路，是革命之路，改革是政客騙人的伎倆。

- 看到政治人物在檯面上的鏡頭很恐怖，在未取得權力前還算是人，一旦取得權力，馬上變臉，恐怖、不像人。

- 台灣的高官，做官的時間都不夠了，那有時間去做事，為人民、國家設想呢？

- 台灣政治人物以私利為中心，次為五四三肖話，加上豎仔步，這款人主宰政治，台灣不會好，人民永在災難中掙扎。

- 無能又傲慢的政客橫行台灣，魚肉台灣人民，迄仍不放手，除了天譴，善良的老百姓無可奈何。

- 政治領袖如無品德、智慧、哲學、學問、思想、能力、典範，縱然當了總統，也只是「死豬鎮墊」的歷史定位而已。

- 媒體（輿論）和所謂名嘴，如淪為御用應聲蟲或充打手，這個國家就無天日。

- 台灣最悲哀也是我最擔憂的是無真正超然客觀的歷史學家，只有御用史家，靠藍綠吃飯的史家，自封英雄烈士的史家，而無客觀公正典範的真正歷史。

- 只有藍綠，無台灣、無人民，借殼民主實為藍綠專利、專制，有黨無國。

- 台灣的出路只要藍綠存在，台灣真正賢能，完全無生機、無希望。應發動「民主革命」，由年青、無黨、形象清新，超黨派，中間力量取代藍綠，台灣才能重生。

- 本土政權如永遠與外來政權比爛，台灣永難出頭天。

- 無智慧、無能力，自私的政府，人民才會抗爭，用警察鎮暴抗爭人民是傲慢又無賴政府。

0781

- 政治家一定是哲學家，哲學家才能從高度、深度、廣度，以無限的眼光為人類解決問題，也能維護人類的永續。

- 學術100分，道德零分，是社會不公不義，政府貪腐的主因。

- 政治人物必具哲學和logic思考條件，同時應具三不朽（立德、立言、立功）的典範。

- 台灣政黨和政治人物均藉民主之名，行「權力詐騙」之實，不是詐騙集團（黨）就是「豎仔」（政治人物）。

- 司法與政治結合，人民只有黑天暗地。

- 政府運作應陽光化、透明化，因無陽光之處，蚊蟲叢生，政府無陽光，貪腐一大堆。

- 不是看他官位、經歷多大，而是看他在位有做什麼事！

- 獨裁專制固可惡，假民主之名行個人獨裁或政黨獨裁更可怕。

- 無道德的民主比專制時代的皇帝更惡劣。

- 官員口徑一致，出事只會道歉和檢討，應是負責下台才對。

- 喜拍馬屁的人，都有野心的。

- 統治者傲慢的時間都不夠了，哪有時間關心國事，為人民設想。

- 政客是藉人權之名，進行殘害人權之實，應是人權之敵。

- 私心重＋公權力等於土匪。

- 政務官不獨要有做事和解決問題的能力，更須具高度智慧和風骨。

- 無公義的政治是特權、專制、貪腐、惡勢力，非民主也。

- 私利、黨利高於國家和人民，非民主也，打倒私利和黨利才有民主。忠於國家和全民才是真民主，忠於黨和領導者非民主也。

- 台灣政客詐騙人民的方式
  一、開長遠而看不到的免責支票。
  二、看不到的口號，空洞、負面的改革。
  三、靠說別人壞話，掩蓋其惡。
  四、虛構故事來騙人民。

- 制裁缺德的大官
  1.不尊敬。
  2.唾棄。

- 傲慢是權力腐化之源，也是權力蒸發之因。

0801
- 在台灣的民主政治，除了政黨惡鬥、分贓、政治人物自肥，吃香喝辣，油洗洗、成暴發戶，最成功的是造就詐騙集團和豎仔，可惡！悲哀！

- 政治家展現，智慧和道德的人格典範，政客只會嘴硬，不是賊仔嘴，嘴硬是豎仔嘴，是垃圾和蚊蟲而已。

- 有黨派之私必奸，靠黨派起家的更奸，這些人的歷史地位是「奸臣」，他的子孫是「奸臣世家」，遺臭萬年。

- 我的三爽
「聽」到道德、公義的話會爽。
「看」到公義的事也會爽。
「做」公義的事最爽。

- 高唱民主，而領導人無道德修養，比獨裁下的暴君更可怕！更可惡！

- 領導者無私又負責，成員自會無私並負責，成員如有錯失，自會主動自行處理、了斷。

- 民主是獨裁專制的漂白劑，也是獨裁專制合理化的神話。

- 表面上是民主，骨子裡是獨裁。

- 蔡英文到處向宮廟獻匾、上香，又反中國，如此看來，人不能統一（台灣人與中國人），但神早已統一（神來自中國）。

- 倫理道德、公平正義是人的基本修為。

0811

- 面對權力和金錢下，一切都是假的。

- 無私才有威，有威自有「青天」。

- 歷史上各朝代固有奸臣，但畢竟少數，忠臣佔絕多數。現在滿朝奸臣，忠臣佔少數，反淘汰！

- 我追求民主是民主的價值和品質，非追求口號的民主，騙人的民主。

- 既無倫理道德、公平正義可活，自無彩色的人生，真是活得無味無素。

- 政治人物說一句謊話，就應立即退出政壇，已有前科，沒資格在台上說話。

- 無公義的權力就是惡勢力，權力的傲慢也是惡勢力。

- 「民主的結果，領導者大部分是丑角，很少看到有格局的主角。」，難怪政治的黑暗，人類日漸墮落。

- 民主為無是非之本。

- 我們要謙卑政治，不要傲慢政治。

- 硬拗和豎仔是政客的本領。

- 在檯面上的高官和名嘴，很少說有道德良心的話，甚至專門做違背道德良心的事，可惡！

0821

- 台灣蚊子館一百多處，浪費221億，這是畸形政府的傑作，「蚊子館就是貪污館」。
  一、要賺多少、蓋多少的蚊子館。
  二、政策性買票館。
  三、應追究建蚊子館的決策者及有關人員，終身責任。

- 無誠信，不是詐騙集團，便是豎仔，政黨、政治人物是靠詐騙和豎仔吃一世人。

- 無感受、無反應、無願望、無責任，活著沒意義，如植物人的活人，有什麼用？

- 民主獨裁比專制獨裁更可怕。

- 決策者，無知、無恥、無能、無賴，政必敗，國必亡。

- 古早靠考試而官，現在靠幫派而紅，民主免讀書，唯有幫派貴。

- 要德威，不要官威。

- 執政者，不可以自己的「快感」用人。

0831

- 騙選票比騙鈔票更可惡。

- 領導者不可以自己的快感治國。

- 權力足以使人腐化的原因
  1. 領導者私心重。
  2. 酬庸非賢能之才，如金主、樁腳、親朋好友，用人不當乃腐化之始。
  3. 品德差－無能力、無專業、無經驗、無誠信、不負責、無典範。

- 權力傲慢就是將權力當成他家的。

- 解決政府清廉度和提昇國家競爭力的方法，是政府運作必須透明化、陽光化、公開化。

- 政客專靠握手、拍肩、傾聽民意為由的肉麻行為起家。

- 權力分配就是權力分贓，權力應擇賢能和專業，不能分配、分贓。

- 有道德的人，不會有意識形態，意識形態是缺德的。

- 權力不可情緒化，因權力非屬於權力者私人所有，而是屬於國家所有，只有國法。

- 改革應先改革領導者的領導風格。

- 台灣政治人物口水多又強，但做事無半步。

- 非為台灣和台灣人利益著想的幫派（黨），是非法的，人民力量應速解散之。

0841

- 台灣人數十年來，一直在藍癌和綠癌中過著痛苦生活。

- 我不與人比惡性競爭，而正與神拚競爭力。

- 民主政治是爭權奪利的政治，也是幫派政治。

- 政黨政治是黨利、私利高於國家和人民的政治，也是無倫理道德、公平正義的政治。

- 不知倫理道德、公平正義，不是智障便是業障，故違反倫理道德、公平正義，將受天譴。

- 政治人物的一言一行、一舉一動都在為自己私利和他的幫派算計他人，很少懷有國利和民利。

- 台灣很難找到有倫理道德、公平正義原則和修為的領導人，尤其缺統合力、領導力、典範力的政治人物，看不出台灣的未來有何希望。

- 民主政治是幫派政治，而非政黨政治，台灣的政黨高於國家和人民，就是幫派。

0851 ・ 藍綠正熱於2020的總統大位，惜檯面上的政客均缺人格典範的修為，又沒有治國理念、智慧、能力和治國的藍圖、架構、格局，怎能治好國家呢！

- 教育應是無色的，如果是綠色教育或藍色教育，就不是教育了。

- 有權力的人不會做也不做，均為敗類，還要貪腐更可惡。

- 封閉的社會，如沒空氣，自然腐化。

- 當政黨惡鬥、分贓時，沒資格喊民主，民主已不存在了。

- 統治者以酬庸分贓用人，比土匪更可惡的，人民應推翻之。

- 酬庸分贓不除，國乃滅亡。

- 民主是政客行獨裁專制合理化的名詞而已。

- 世上很少看到有民主靈性的政治家。

- 大官在任，只權力的傲慢、炫耀和油水多多，無能力建樹。

- 為富不仁，為官不德，天怒人怨。

0861

- 蚊子館是為賺多少錢而蓋的，考察是為浪費公帑而旅遊。

- 作秀是權力傲慢的「專利」，權力傲慢的人最愛作秀。

- 政界、學界只求權力和財力，無是非、無廉恥、無良知，非人也。

- 大官顯要大部分是丑角、裝小丑，說肖話第一流，正經話、智識話，難聽到、難看到，可說小丑治國。

- 台灣的色盲是先顏色（藍綠）而後是非。

- 被意識形態綁架的人，無是非也不知公義，很難相處。

- 民主、自由、人權的基因是「道德」。

- 政治家的基因是「無私」，政客的基因是「自私」。

- 錯誤決策比貪污更可怕，同樣，佔高位領高薪不會做事更可惡（大官、國營董事長、總經理）。

0871

- 任何非基於道德、公義、是非的政治立場，是最自私、幫派、騙子、豎仔、土匪、邪惡。

- 協調非民主，民主沒協調。

- 協調是搓掉民意，是人民的公敵。

- 民主政治是將國家和人民的資源變更給少數政客或幫派之手的政治。

- 面對權力眼睛就起濁，自必沒人格。

- 台灣式的民主化就是自肥化。

- 非公義的團結是假團結，假團結終必分裂。

- 過去是用人唯才，現在是用人唯財。

- 以「生命」去換「做官」太不划算。

- 沒有道德的人不會分是非，甚至顛倒是非，製造無數的冤枉。

- 領導者私心，大位酬庸近親，賢能無緣，小人治國。

- 論「見縫插針」藍綠不相上下，是藍綠的起家寶。

- 我最討厭無典範的大官。

- 國事是無感情的，只有國法，國事如以感情處理，就成私天下。

- 台灣的是非由藍綠決定，因此只有藍綠惡鬥史和分贓史而無國史。

- 藍色執政、綠色完全否定，綠色執政，藍色亦然，像國家嗎？

- 我心胸雖全方位，但容納不下無知、無恥、無能、無賴的惡官。

- 讀書人與政客狼狽為奸是無恥。

- 有黨蓋黑，無黨蓋高尚。

- 學人無恥是謂國恥。

0891
- 檯面上政治人物，很難找到具公信力的人，於是詐騙集團和豎仔橫行位居要津而成詐騙集團和豎仔治國，台灣人的悲哀！

- 缺具全方位的領導者，只有零售、五四三級的人，自難領導台灣。

- 公務人員也分藍綠，中立、超然、公義人士難容。

- 什麼叫公正、公平、公開，係指超黨派，依法行政而言。

- 我在政治上是正派經營，因此不怕任何人。

- 詐騙集團及政客，口號上「用人唯才」騙選票，其實是「酬庸用才」也是「用人唯財」。

- 說民主價值愈多的政客，是最不民主的，大家應搞清楚。

- 無是非的民主就是獨裁。

- 無公義的官是狗官，也是屁官，我才不幹。

- 無公義心、智慧和能力的人主政，國必大亂，民必遭殃，將成土匪的社會。

- 壞人主政，天下必無道，善良百姓難活也。

- 假民主之下，政府成有權力的搶劫集團和詐騙集團。

- 不尊重他人，將枉他為人。

- 台灣公義已死，無人為公義出聲。

- 個人的自私自利，本就被看不起，權力的自私自利才恐怖，台灣藍綠均然。

- 民主的基因是公義，無公義的民主就是假民主。

- 政治人物最怕公義和道德。

- 無公義，什麼民主、自由、人權、法治均不存在。

- 政客現形記五招，貪腐、投機、詐騙、馬屁、作秀。

- 政治人物大部分是賊頭賊腦的高手。

- 檯面上的政治人物，個個是詐騙集團的勇將。

- 政治人物所謂民主化就是幫派化。

- 高唱民主的領導階層，是以獨裁心態行專制之實。

- 總統不務正業，不是拜寺廟，便是到處吃香喝辣秀，很不入流。

- 政治人物絕大部分是國賊。

- 心中唯國自有共識，心中唯私鬥爭不息。

- 藍綠惡鬥、分贓、無公正的司法，法務部長：証據在哪裡，就辦到哪裡，其實是証據在哪裡就湮滅到哪裡。

- 政治垃圾不清除，台灣永難逃生。

- 看你滿頭腦裝什麼東西，如果裝的是垃圾，就是有多大官位、多大財勢，也只是垃圾而已。

- 現在的大官是吃香喝辣、吃銅吃鐵的角色而已。

- 檯面上的高官絕大部分是沒良心的。

- 要以實力去坐應坐的位子，不要靠權術搶坐那個位子。

- 司法政治化永難公道、正義（台灣只有藍法與綠法）。

- 我是為公義的理想而參與政治。

- 台灣很奇怪，綠色的人都是綠色臉，藍色的人都是藍色的臉，而無「台灣臉」。

- 經常在電視鏡頭出現的政治人物和名嘴，大部分是奸臉奸臉。

- 無公義的政治人物叫惡勢力，無公義的政府是土匪，無公義的黨叫做詐騙集團。

- 不公義的權力不是惡勢力，便是暴政。

- 柯文哲「垃圾不分藍綠」應是「垃圾在治國」。

- 台灣政權落在一群沒良心之徒的手中，比土匪更土匪，苦痛的老百姓無可奈何！

- 酬庸是權力上的貪污。

- 泡沫化的民主。

- 國營企業綠色執政成綠黨營企業，藍執政成藍黨營企業，這是所謂台灣的民主，可惡！

- 無憂國憂民的天性和條件的人執政，定是禍國殃民的，必受歷史唾棄。

- 修身應是無止境的。

- 台灣之亂在藍綠。

- 讀到不知公義，甚至公然違背公義，應受唾棄，也不可原諒。

0931

- 讀書人不知道德、良心、公義，比無讀書的人還不如。

- 古「以德治國」，今「以騙治國」。

- 台灣永淪為兩個爛團隊的比賽，觀眾何堪？

0941 - 教育、司法、國防均分藍綠，國家、人民均危險。

- 政治人物為何不選擇公義，偏偏要反公義而行，是自私自利自肥的貨色。

- 以權力詐騙、說謊、惡形惡狀、修理對手、貪腐、酬庸，是罪惡中之大惡，人民應發動革命推翻之。

- 無公義的公權力就是惡勢力，亦是惡魔。

- 爭權不奪利OK，爭權又奪利NO。

- 民主是只有利害而無是非、公義、風骨的反淘汰制度。

- 民主是爭權奪利的溫床。

- 不少政客和幫派，沒特權不能生存。

- 我不喜與藍鏽和綠鏽的人為伍。

- 權力的傲慢是最缺德的。

0951

- 台灣在藍綠框架下的統治，難有公義的一天。

- 民主無酬庸，酬庸非民主。

- 擁有權勢不主持公義，即惡徒。

- 以權力做人，是官不是人。

- 黑心官比黑心肝惡質。

- 現在是歹戲拖棚，歹戲演那麼久，很煩。

- 政客掏空台灣人的心靈，是不可原諒的。

- 政治騙子比金錢騙子更可惡。

- 政治人物大部分是吃天、吃地、吃人民、吃政府的。

- 政客和媒體掏空了台灣的價值。

0961

- 政治人物一旦取得權力，就忘了自己是人。

- 無是非就無歷史，無歷史就無國家。

- 台灣是有黨無國。

- 權力足以使人發瘋。

- 權力是展現典範的舞台。

- 公義被權力取代後，社會只有淒涼，人民只有陰天，沒有晴天。

- 在台灣，為國家做事的很難生活，保持完美人格的人更難以生存，只有靠攏政客和無人格的人最吃香。

- 官癌比肝癌可怕。

- 司法不可侍候政治。

- 認錢不認人、選錢不選人，是錢的當選不是人的當選。

0971

- 想作秀不如到動物園當猴子。

- 政治雖無是非，但有因果。

- 民主只有法治而無特權。

- 政治家講是非、政客講利害。

- 不投票即投票。

- 官場文化不是騙，便是馬屁。

- 是典範的領導而非權力的領導。

- 當權力落入群魔之手，人民只有無奈！

- 經常在餐廳出現的官員不是好貨。

- 是解決問題，而不是解釋問題。

- 政治介入教育，教育注定失敗。

- 學人、文化人貼上政治標籤，就如好花插在牛糞上，一文不值。

- 政黨輪替不是利益輪替。

- 司法政治化、司法功利化，永無獨立的司法。

- 過去的大官是「大公無私」，現在是「大私無公」。

- 透明化的政治，政府才能乾淨、衛生。

- 說是非的，才是政治家；說利害的，是政客。

- 忠臣只有「公義」，奸臣只有「利害」，滿朝奸臣，只有腐化、墮落而已。

- 民主與人權是統治者的美麗語言。

- 政治人物以自由、民主、人權的名詞來掩蓋一切罪惡。

- 誰拿錢誰負責。

- 現在當官的只有「官感」而無「使命感」和「責任感」。

- 台灣的政客有利於他才是民主，不利於他就不民主。

- 只要願當「應聲蟲」，不怕無官做。

- 知恥和誠信是政務官的基本情操。

- 宗教應拒絕政治，否則宗教會被政治吃掉。

- 總統應是「公義」的主宰者，一位總統如無「公義」條件、素養、能力，這個國家就完了。

- 太極拳是「做官」的本領，越會打太極拳，官就越大。

- 權力足以顛倒是非，也足以顛倒黑白。

- 黑金政治就是惡勢力。

- 台灣是「有黨無國」的幫派政治而非政黨政治也。

1001

- 政黨比幫派惡。

- 政客的嘴臉，未得權力前「主權在民」，得權力後「主權在我」。未得權力前，你是主我是民，得權力後你是民我是主。

- 選擇性執法是人治。

- 政治應是誠信而非藝術。

- 台灣政黨的利益不只高於國家、人民，甚至還高於上帝、釋迦牟尼佛、穆罕默德。

- 權力如不是典範，要權力幹什麼？

- 政客的美麗謊言是「打過蠟的」。

- 台灣式的民主只有死人是贏家，活人是輸家。為了選票，大官顯要、民代、競扮孝男，時刻在死人家穿梭、公關、膜拜。

- 政治談風範、生意談利害。

- 否定史實是不道德的，捏造史實是不可原諒。

- 語言暴力比肢體暴力更可怕，政治人物是語言暴力的高手。

- 政府所頒的勳章、獎狀，大多是酬庸、金主、大椿腳，或頒發者的親友，真正對國家社會有貢獻者不多。因此台灣政府頒發勳章、獎狀沒什麼意義，也無價值。

- 無強力道德基礎的人參政，玩政治玩久了，不是成政治植物人，便成洪水猛獸。

- 有私心就無資格說民主，有私心更無資格談人權。

- 權力應基於「真實和公義」，否則就變為惡勢力。

- 他是官不是人，我是人不是官，你不要搞錯了。

- 政治人物大部分眼睛起濁、起肖狗目，為錢為權到處亂罵亂咬。

- 張明彰在美國發展有機（organic）的農業，我在台灣推展有機（organic）的政治。

- 在台灣官越大，謊話越宏亮、越自然。

1021

- 主政者民調只有9%，已無什麼歷史定位可言，如果有應是「死豬鎮砧」吧！奉勸要當總統的人應小心。

- 政治人物大部分是做無本生意，也是騙子，須防之。

- 現在做官只靠關係和黨派，輪不到真正賢能、有品德、有實力的人。

- 首長說謊比犯罪更嚴重，美國總統尼克森雖無犯罪，但因水門案說謊而下台。足見道德制裁比法律制裁更嚴格。

- 政務官應有風骨，不是猜墓糕（小孩時於清明節在墳墓附近討糕吃，比喻為淪落到討墓糕吃的小孩）。

- 面對權力眼必濁，面對金錢心必橫。

- 台灣的公義是由權力和金錢來解釋的，非公義也。

- 台灣的是非善惡是由藍綠判定的，悲哀！

- 功利社會是「錢」與「權」的社會，不是人格的時代，真是「人不如錢」、「人不如官」。

- 台灣的流氓過去只有黑道，現在最怕的是政治流氓、讀書流氓、還有員外流氓。

1031

- 看不到正義就看不到太陽，在黑暗中生活就如在黑牢內生活。

- 鈔票（資本主義）和選票（民主政治）是掏空「人性」與「地球」的兩大元兇。

- 口若懸河、口沫潢飛的話，大多是假的、不實在的。聽了會浪費耳朵，腦內會長垃圾。

- 是非應以道德、公義、真實為依據。

- 治本一勞永逸，治標永治不完。有智慧才能治本，聰明的只能治標。

- 不實的頌揚是諷刺、侮辱、灌迷湯的。

- 寧為有人格的小民，不為無人格的大官。

- 無道德的人在生意上為「奸商」，在政治上為「奸臣」。

- 金錢、權力、色情是人格三大試劑。

- 有十分度量，才有十分成就，有三分度量，只有三分成就，沒有度量的人，永不會成就。

1041

- 不要為取得權力或金錢出賣人格。

- 有權力無公義是土匪。

- 要說「人話」，不說「鬼話」，也不要說「官話」，更不可說「錢話」。

- 只認權力，不分是非，非人也。

- 權力和金錢是破壞人性的兩顆核彈。

- 權力與心靈不平衡時會瘋狂，大部分的人嚐到權力滋味時，心肝就起橫。

- 做官是一時的，人格是永久的。符合人格的官，才做。出賣人格的官，不可為。

- 無原則的人，不管他的官位多大、金錢多少我都看不起。

- 我從政二十多年來均堅持黨外，不加入任何黨派，以典範從政不受污染。

- 不獨要說「實話」，更要能聽「實話」。

1051

- 看到政治人物好像看到感染病毒的人一樣，須細心提防。

- 摸權力兼A錢。

4 社會

- 人心太現實了，一現實就無情義可言。

- 當一個人需要你時也許會對你忠誠，否則世上很少見到忠誠的人。

- 只要身心健康，其他都是多餘的。

- 任何名利都比不上健康的身體。

- 勿與無原則的人為友。

- 知恥的人，一定是好人。

- 當他需要你時，他對你自會有好感。

- 你有無做傷天害理的事？如有，趕快懺悔並重新做有功德的事，以彌補以前的罪惡，勿再硬拗下去，以免將來死無葬身之地又拖累子孫。

- 不與無是非、無善惡之分的人對話，以免傷害口舌。

- 要有意識的活，不可不知不覺的活。

- 人與人之間相處，如能禮讓些或犧牲些，自可相處得很好，亦即相互尊重之意。

- 人與人之間如捲入利害關係就沒完沒了。

- 有錢時需防無錢時之苦。

- 農村也受功利主義的汙染。

- 親情的消失使我生命的光輝盡失。

- 幼時怕鬼不怕人，長大怕人不怕鬼。

- 一個胃不好的人，縱有山珍海味也無濟於事。

- 現代正義、公理不值一杯酒，可悲！

- 古人說：「吃菓子要拜樹頭」。現代人不但不拜樹頭，反而挖樹頭。

- 人在禍中不知禍。

- 我無時間與那些不入流的人活在一起。

- 現在人喝牛奶長大，喝多了成牛。

- 連公道話都不說，還會替社會國家做什麼？

- 因果報應是靠天理昭彰，因為社會和政府均無法保護善良。

- 螞蟻相遇都互相打招呼，何況是人呢？

- 我所煩惱的問題：一、時間越來越少；二、活同樣太久無意義；三、很擔憂人類成為動物園的動物。

- 一生的生命竟在不公不義的腐敗政治下浪費掉，很不甘心。

- 有人性才尊重你，並非尊重你的權力和財富。

021

- 吃飯可遲到，辦公不可遲到，不要為吃飯那麼認真。

- 浮面的人大部分為壞人。

031

- 農民是好人，除了選舉拿錢不好外，其餘都好。

- 世上很少人在睡夢中還在為國家人類設想，大多數人均為私利、私慾、升官發財而想。

- 說好人壞話的人就是壞人。

- 聰明人不一定是好人。

- 人的生命往往受物質生活所消耗，因此應警惕之！

- 交朋友要交好人，不一定要交能人。

- 親眼看到的才算數，不要只聽人家說，否則會被騙，甚至誤人誤己。

- 勿懶惰活，要認真活。

- 學習螞蟻分工團隊的精神。

- 功利社會要找一個有良心的人，比海底撈針還難。

041

- 老師地位淪落，被邊緣化，師道尊嚴盡失，悲哀！

- 台灣高唱民主無法治，新加坡有法治少談民主。

- 連動物園的動物也吹冷氣，穿美麗的衣服，終究是衣冠禽獸。

- 現在教育只會教人做官賺錢，不會教人「做人做事」的道理。

- 無是非、無公義，台灣將成為世界最大動物園。

- 我們祖先數千年來建立的基業（人倫道德、人性），到這一代就被掏空完了，真是罪惡！

- 司法的敗壞是法官操守的問題，即無倫理道德正義感，無是非善惡之分，無責任感，而非僅只是貪汙。

- 遵體制守傳統成罪惡，反體制去傳統成英雄，顛倒是非。

- 好人怕不要臉的人，不要臉的人怕不要命的人。

- 在亂世中，與其說是民眾意識的高漲，不如說是人的品質降低。

- 這個社會搶都在搶了，罵你算不了什麼。

- 有大吃大喝，自然有豪華設備的大病院等著。

- 過去的人是吃飯配菜，現在的人是吃菜配飯。

- 現今社會已成為言論獨裁而非言論自由，輿論獨裁比政治獨裁更可怕。

- 學生評分老師，已無教育倫理。

051

- 說實話雖不能贏得熱烈掌聲，卻可贏得尊敬。

- 學法律的人如無公義感，最會吹毛求疵，傷天害理。

- 只要有一點臭錢和會罵人的本領就可參政了，不自量力又無恥。

- 心術不正，什麼學問都無效。

- 非人性社會的任何地位、官位和金錢我都不欣賞。

- 人間變獸間，對人生還有何貪戀呢？

- 很多人活久了就不像人。

- 罵人就有票，聽罵人就會爽，票就投給他，台灣式的民主。

- 世上最難改的，一為賊性，二為賭性。

- 所謂民主，只有利害無是非，只要利害一致，不必分好壞人，這是台灣式的民主。

- 台灣的政治人物，只要能唱歌就有很大市場，不須政治人物的風骨、智慧和道德。悲哉！

- 道德對抗功利，歷經八年抗戰。

- 活到大人還沒倫理道德的感受，太可憐！

- 不分階級，但應分是非與善惡。

- 做人要認真活，做事要認真做。

- 唯道德才能敵過任何權力和財富。

- 要活得有邏輯。

- 在這種不公道的社會，還能活得有聲有色，毫無感嘆怨言，修養功夫真是十足了得。

- 綠燈慢慢走，紅燈搶著走，這是台灣人的本性。

- 人人知足，天下就太平了。

- 射魚、射蛙，殘忍無比的台灣社會。

- 過去的「禮」是自然的、善良的、純潔的、有感情的、有靈性的；現在的「禮」是人為、虛假的、無感情的、有心機的，是爭權奪利的工具，以退為進的策略，十分可怕。

- 「策略性禮貌」比「無禮」更可怕，更危險。

- 台灣的假民主造成社會的反淘汰，和惡性循環。

- 權力和財團有本錢說謊話，普通人沒有本錢，只能說實話。

- 無道德而一味強調守法、法治，是騙人的。

- 參加喪禮的政治人物大部分為「利害」、「選票」和公關而來鬧場的，並非真摯友誼，致哀、慰問、懷念而來。

- 不講倫理，怎會有幸福的家庭。

- 台灣之慘不是無法令，而是國人不遵守法令；不是無制度，而是官員不尊重制度。

- 要看裡面，不要只看表面。

- 世上有三種的聲音：一、有錢的說「錢話」，二、做官的說「官話」，三、只有人才說「人話」。

- 北管南管是台灣的古典音樂。

- 道德不只是宗教家的事，亦是教育家的事，更是每個人的事。

- 因果報應就是公道的原理，也是天理。

- 道德不只是四維八德，而是不害人、不欺侮人、不吃人、不冤枉人。

091

- 身體積勞病叢生，倫理人性正消失，心急如焚度日難，憂嘆人類變禽畜。

- 教授是治學而非治校。

- 台灣人有耳朵無眼睛，因此只有聽人說，從不張開眼睛去看看有影或無影（是否為真），都受政客騙了。

- 何謂多元化社會？就是無原則、無是非的社會。主張多元化社會的人，本質上就是無是非、無原則的人。

- 過去老師的影子不敢踏到，要離影子三尺，現在是打老師，甚至打死老師。

- 過去要力爭上游，現在是力爭下游。下層的人較純潔、誠實、有道德，上層的勢利、無情無義、缺德。

- 台灣如將違法、違規行業關閉，就不成為國家了，台灣是靠違法起家的，真是違法為成功之母。

- 爭權奪利的人不會有誠信的。

- 人心險惡比禽獸可怕。

- 公眾人物無說謊的權利。

101
- 以男女平等原則為由，來破壞夫妻共同體及家庭倫理關係，惡質。

- 社會可多元化，但人不能多元化。客體可多元化，主體不能多元化。

- 過去是選賢與能，現在是選金與黑，黑金政治掛帥。

- 活在無公道的社會，只好過著烏魯木齊的生活。

- 在無內涵、無價值觀的社會中生活，完全在浪費生命。

- 台灣的司法官是在「利害」之下受尊敬，很少在「正義」之下受尊敬。

- 不可害人，但須提防他人陷害你。

- 權力和功利的結合，使台灣無是非感和公道心，造成政治腐化、社會黑天暗地。

- 無痕跡的殺人才可怕。

- 教做人比教讀書重要。我們的教育只教讀書不教做人，是錯誤的。

111

- 功利社會現象：有吃說有吃的話，無（沒）吃說無（沒）吃的話。悲哉！

- 無公平就無尊嚴。

- 無法治的社會根本無民主可言。

- 不說道德的，任何榮耀均是騙人的，也不值得尊敬，甚至應唾棄之。

- 在反道德的人治理下，有道德的人下場會很慘。

- 台灣只要能收買輿論和媒體，就可控制一切。

- 不管對我如何有利，我總要留些良心。

- 在政界、學界，如果你說道德，人家就不與你為友，甚至不敢在一起。

- 有道德的人會自動守法，無道德的人是被動守法。

- 活一輩子無法看到公義的社會，悲哉！

- 無倫理道德的人不會保護好人，他會討厭好人，認為好人太泛道德化。

- 不講公道話不是腦筋壞掉，便是得到利頭。

- 我們這個社會的病根因私心重：一、無道德、無正義、無公道、無倫理、無是非，二、只有功利心、爭權奪利的、非騙即拍的、投機取巧的、損人利己的。

- 台灣人的悲哀，在於無道德基礎的腐化權力，和財團結合的統治下，無真正民主和公義的社會可言。

- 應多與家人吃飯，儘量減少與他人吃飯（應酬），多與家人聚餐是最溫馨、最健康的，也是最幸福的。

- 儒家重人本價值，西方重功利價值。

- 好貨不須宣傳自然會搶購，壞貨才須靠宣傳騙人來推銷。

- 這個社會最吃香的是：一、做官，靠騙靠拍（馬屁）；二、財團，靠利益輸送，官商勾結，互相利用；三、黑道，靠惡勢力，靠黨提名漂白，為黨的工具。

- 「自由不是自私。」很多人把自由當作自私行為的擋箭牌，以自由之名行自私之實。

- 談判如不誠信，何必談判呢？無誠信的談判是爾虞我詐，各懷鬼胎，永難解決問題。

- 處理問題─先客觀後主觀，凡事切勿主觀。

- 淡泊名利的人，才會健康長壽。

- 面對無是非、無公義的政府，生也死，死也是死的人間地獄。

- 金錢和權力只不過是人的附加價值而已。

- 白道是唇槍，黑道是刀槍，均無道。

- 有道德的人，說話的對象越來越少。

- 宗教商業化和政治化、功利化，完全扼殺了宗教的教化功能和價值。

- 這個年代不求報恩，只求不被反咬一口就很不錯了。

131

- 虛偽與無知是無效率之源。

- 現在能說謊話而臉不紅的人最吃香。

- 宗教與政治合流是宗教之恥。因為政治最髒，宗教最純淨，淨與髒合流，算什麼宗教。

- 神、人互相利用的時代，廟寺主持人、和尚、神職人員，以神為籌碼與政治人物合作、互動，一方面可提高信徒信心（靠官員）和信徒人數，另方面可增加收入，而政治人物可得選票，神不像神已不在乎！

- 台灣人勤於賺錢，而不疲勞。

- 我雖無「坐牢」，但我也有數十年「心牢」。

- 廿一世紀是講「速度」的時代。年逾60者更應追求速度，才來得及。

- 幼時貧窮，人好（善）；現在富有，人壞（惡）。

- 活過的，儘量不要重複，應有創新、突破、新環境、新內涵、新氣象、新境界，才有意義。

- 「馬屁病」和「有耳無目病」是台灣沉淪的主因。

- 只有口才而沒有人才。

- 幼時是比人格，現在是比獸格。

151

- 乞丐有二種，一為乞金錢為目的，是低層乞丐，二為乞官位的，為高級乞丐，如選舉的拜票甚至跪求選票或裝扮孝男拈香拜票。

- 國人應有「司法高於政治，道德高於司法。」的基本觀念。如果司法要看政治的臉色，則司法將成為政治人物的工具，將無人權可言。

- 古代奸臣是一奸到底，現在奸臣是多元化。這黨奸完了，又換奸他黨，奸來奸去。

- 現在的人過於機械化、塑膠化、電腦化，而失去人性。

- 權力可強姦一切，人民無可奈何？

- 親情不能物化。

- 有慈悲才有人權。

- 人權應無國界，人道也然。

- 被人冤枉，自信有因果，無需人補正，讓因果處理。

- 暗的運作最可怕，只有透明化才清明。

161

- 在這個天年，能活得像人就不錯了。

- 無是非善惡之分是色盲、亂視。

- 正常狀態，好人看到壞人一定討厭，壞人看到好人也然。好人見到好人一定高興，同樣壞人見到壞人也然。好人看到壞人不討厭，此人好不到那裡。

- 面對權力和金錢，很少有愛和謙卑。

- 現在是價格主導的社會，價值已名存實亡，人類已非萬物之靈了。

- 在權力利誘下的言行，很少是真的。

- 權力不只要謙卑，更要慈悲。

- 台灣無競爭力，只有抵銷力和毀滅力。

- 「公義已死」、「蚊蟲叢生」的台灣，是悲哀的。

- 台灣社會是利害高於是非。

- 有錢就有權說謊，錢可使謊言成真話，錢喊水會堅凍，錢更可使鬼會推磨。

- 已無時間與惡人玩（混）了。（很難找到好人）

- 教育的失敗造成負面的人多，正面的人少，也即正派的人少，邪派的人多。

- 不誠實的權力是台灣的亂源。

- 賊仔比人卡惡。做賊喊賊才不成賊。

171

- 無善根的人，取得權力和金錢就沒完沒了。

- 不可掛台獨的頭，賣貪腐自肥之肉。

- 權力與財團結合比獨裁還獨裁。

- 權謀是一時的，禍害是無窮的，權謀者應三思。

- 鋒頭大家搶，責任無人扛，台灣有希望嗎？

- 道德是權力的剋星，因此權力者討厭道德。

- 無倫理道德的民主，無倫理道德的多元化，台灣永亂不完的。

- 矛盾的國家、矛盾的社會、矛盾的人，有邏輯的人很難適應。

- 農業社會是人性化的人生，工業社會是物化的人生。

- 寶島，這麼好的台灣，不是外來的統治便是壞人的統治。

- 過去人是萬物之靈，現在權力和金錢是人類之靈。

- 惡性競爭力，台灣應列為世界前茅。

- 惡人從負面算計人家，善人從正面算計人家。

- 豎仔、小人、小丑當道，無可奈何！

- 遲到是最丟臉的事，守時才有尊嚴。

191

- 年老如無親情（倫理），只有等死。

- 功利之下，善良難存。

- 過去俗語說「不見棺材不落淚」，現在的人就是「見到棺材仍不落淚」，這是人類墮落的現象。

- 功利（利害）社會：是非、公義、人性、道德、情感均不存在。

- 台灣是騙來騙去的社會，只是騙多與騙少的問題。

- 台灣人的劣根性在於太過迷失於權勢與財勢，而忽略了是與非、善與惡，公義的價值，人格的讚美。

- 現在的人說謊臉不紅，甚至有職業說謊（說謊話是頭路）。

- 公害掏空了地球，人害掏空了人性。

- 台灣的「誠信」完全崩解，連領導者都「爾虞我詐」，說謊話已成自然，不說謊話反而有點怪怪的。

- 現在有讀書動物而少讀書人。

201

- 愛台灣的不少還是天天在那裡騙來騙去。

- 台灣的良知和學問均受權力和惡勢力的控制和左右。

- 「天倫之樂」四字快要滅絕了。

- 古代書生報國、書生救國，現在書生誤國，書生禍國。

- 公義在台灣只是口號，沒有市場，這是台灣人的不幸！

- 死魚仔才會隨波逐流。惜台灣人大部分也是隨波逐流，與死魚何異。

- 私則不清，也不高。

- 以潔淨的大自然換取骯髒的錢財是不道德的，也是人類的災難！

- 人生最悲哀的是無法過著有道理的生活。

- 台灣人過去是賺錢不疲勞，現在用錢才疲勞。

- 台灣只有權勢教育，而無人格教育。

211

- 物化的教育下，人性消失、倫理道德淪落、社會無是非、價值崩解，人與其他動物無異。

- 說別人簡單，說自己就難。

- 貪污固為腐敗之一，無公義比貪污更慘。

- 農業社會天人合一，工業社會錢人合一。

- 見到不喜歡的人，比見到魔鬼還可怕。

- 宗教與權力的掛勾，財閥與宗教的掛勾，必無淨土。

- 權力與金錢可支持宗教，但不應利用宗教。

- 由於司法不清明，以致進入法院比醫院更可怕。

- 現在是奸奸鬼鬼的天下，奸奸鬼鬼的人始有機會位居要津，奸奸鬼鬼始能結黨營私。

221

- 台灣如果說有成就，是「富有的動物園而已」。

- 人性的弱點是面對權力和金錢必虛偽、必無是非、必無公義。

- 人生最有意義的是，能與有智慧的人交遊。很可惜，功利社會有智慧的人很難找。

- 文化與生態是永續的基本問題。

- 物化後人性消失，地球破壞，人類的永續堪憂！

- 有奸無奸看他的嘴臉自明。

- 自然就是真實，真實最美。

- 掏空人性、掏空地球的人，是全人類的罪人，也是全人類的公敵。

- 不擇手段而取得的權力和財富，不只無光彩，甚至有罪惡感。

- 失去良知的人，才會做出不公正、違背良心的事。

231
- 現今的所謂「高層」有三種本領：職業奸臣，職業硬拗，職業豎仔。

- 不可與走雲頂的人相處相遇。

- 效率（競爭力）建立於透明度和清廉度之上。

- 說話一大堆，做事無半人。（台灣之癌）

- 浮面的人，大部分是偽君子，真小人。

- 貪贓枉法固為壞人，拍馬屁喜作秀者，更壞。

- 一個價值崩解的社會，死無所懼，生無所歡。

- 年老折舊後的狀況和問題，是老人心理上必須面對的。

- 物化後的人類已失靈性，人類已淪為獸類。

- 當一個人活到很疲累時，就想休息，人生活到很疲累時，自然也想休息而消失。

241
- 如無道德，權力、金錢、女色是人類主要汙染源。

- 為什麼現在無士紳、無人格者、無有志者？一方面無倫理道德，一方面被反淘汰的惡勢力鬥垮、消滅。

- 信口開河的人不做事、不會做事，但很會做秀。

- 醫生的職業是救人，唯現在不少醫生是生意人，人命在生意算計下很危險。

- 台灣之敗在於只有嘴皮力，而無行動力。

- 不少人取得權力後就不像人。

- 有道德的人與無道德的人相處，就如同人與猛獸相處的危險和痛苦。

- 功利社會處處炒短線，唯生命絕不可炒短線。

- 過去的人是活在價值取向的社會，現在的人是活在價格取向的社會。

- 心靈問題如有功利化就沒完沒了。宗教不能功利化，教育不能功利化。

- 好人與壞人之分很簡單
  一、好人一定遵守倫理道德。
  二、好人喜公平正義。
  三、好人很謙虛、低調、不傲慢。
  四、好人不霸氣。
  五、好人厚道，易為他人著想。
  六、好人不自私自利。
  七、好人絕對誠信。
  八、好人樂於助人，不佔人家便宜，亦即喜吃虧。
  九、好人有血、有淚、有感情。

251

　　十、好人永保新鮮度,不貪腐。

　　十一、好人有價值觀。

　　十二、好人一定守法。

- 校園民主化是破壞校園倫理的主因。

- 人性消失和地球遭殃均出於人的野心、私心、傲慢心、貪心、爭權奪利心而來,政客應負全責。

- 如果人類成動物園的動物,我就無法再堅持倫理道德了。

- 功利社會是以利害來寫歷史,並非以人格典範寫歷史,因此過去地方士紳、人格者消失,造成今日惡勢力主導的社會史。

- 泡沫化的人生,一切都是虛偽、假的,因此豎仔、硬拗之輩主導政治和社會,生命被這些人踐踏浪費掉,很不甘心,如果有來生,寧不出世,也不願活這種泡沫化而虛偽的人生。

- 「功利化、價格化是自私自利之源。」
  自私自利的價格觀自無公義可言。到處充滿價格化、功利化的社會,不會有公義的社會,自私自利的人根本無資格說「公義」兩個字,國人如不知這個意思,「公義」將永成為政客、錢客欺騙人民的春藥而已。

- 不實的社會是活假的，活假的不如不活。

- 過去是勤儉樸實的文化，現在是飛天潛地的文化。

- 現實、炒短線的人較無情無義，此種人最好不接近。

- 功利心重的人，不會欣賞真善美的藝術生活。

- 名人不一定是好人，人格者才是好人，但名人俱完美人格者，很少。

- 無道德的民主，無公義的民主，動物園式的自由，掏空了人性，人性消失，地球也隨著被掏空，造成人類毀滅的危機。

- 造成貧富差距的元兇，一為財團，一為特權。

- 「不清楚」是今日台灣大亂之源。

- 台灣如果說有進步是動物園式的進步，非靈性、人性、道德性的進步，可悲！

- 醜化好人，誹謗好人，欺侮好人，陷害好人，必遭天譴，亦必遭惡報。

- 拍馬屁是肉麻的、是存心不良的、是偽裝的、不實在的、有心機的，被拍的人是被設計、被利用而不知，是被裝肖的。

- 民主的核心價值是政府清廉而沒有特權，否則民主就無價值。

- 投機的人必奸，投機分子為了私利，什麼事情都做得出來，包括賣友求榮，政治人物最投機。

271

- 看到沒道理的事，心裡就不舒服，這是我的毛病（俗語說道理不明氣死閒人）。

- 古早結拜兄弟是生死之交，現在結拜兄弟是利害之交、互相利用。

- 物化的人類，價格化的社會，人文、人本、人性是難存在的，只是無靈魂的富裕動物而已。

- 與不正派的人，無道德的人相交，就是造業。

- 有些人以金錢收買道德更可惡。

- 國民如無倫理道德的教養，這個社會多富有也沒用，只是一所最富裕的動物園而已。

- 從不檢討自己，專門檢討他人的人必非好貨。

- 人活一天都要追求好的，不要追求壞的，如果要追求壞的，不如不活。

- 佛教界如與不正常之士搞在一起，等於吃葷。

- 拍馬屁就是灌迷湯，被灌迷湯的人還高興，實在可憐，尤其大官顯要，當官的目的是被拍馬屁，被灌迷湯，悲哀！

281

- 有是非才有倫理，無是非就亂倫。

- 無公義的社會，什麼民主、什麼人權均是假的，有公義的社會才有真正民主、真正人權。

- 人不動就在等死。

- 宗教如有功利心就是反宗教的，也會教壞囝仔大小（台語）。

- 利害的社會，什麼慈悲，什麼博愛，什麼道德僅是口號，是美麗的名詞，不被出賣，不被吃掉就不錯了，哪有慈悲、博愛、道德呢？

- 政客非把好好的人弄到動物園不甘心。

- 自私就是「自己縛住自己」永難逃生。

- 無公信力的人所說的話，不聽，無公信力的人所寫的書，不看，聽了看了會起肖。

- 無是非之心的人是絕不會「疾惡如仇「的，說不定還與為非作歹的人同流合污。

- 私心重或無度量的人，才有對立和鬥爭的機會。

291

- 人生最困擾、最痛苦、最難纏、最費勁的是處理對立和鬥爭的事。

- 無法說公道話的人，表示他的腦筋已壞掉，不說公道話的人，也是惡徒。

- 過去有謀財害命，現在有謀官害命，財勢和官勢是萬惡之源，歷史上為了金錢和權位鬥爭清算，犧牲不少生命。

- 有道德風範的人，不重錢財和權位，而金錢偏偏落在奸商的手上，權位偏偏落在奸臣的手中。奸臣和奸商主導下的社會、道德、倫理、公平、正義都是喊假的。

- 道德：尊重他人，說道理、自律，自己檢討反省，待人處事彬彬有禮，是非善惡公私分明，有慈悲心，有羞恥心，有公平正義的天性，有四維八德的修為，有奉獻犧牲，誠信、責任感，有典範。外在方面不欺人、不騙人、不害人、不冤枉人、不佔人便宜、不自私自利。

- 現在的讀書人不像讀書人，不像智識份子，而是投機份子，更無讀書人的風骨，比較像生意人，也成黑白混合道。

- 活在無是非中的人是爛民。

- 無道德的人，怎會講道理，無道理的社會、民主、自由、人權、法治能存在嗎？

- 世上有二種罪
  一為犯道德罪－應受天譴。
  二為犯法律罪－應受法律制裁。

- 無道德的權位是不健康的，無道德的財富問題更大。

301

- 喜拍人馬屁和喜被拍馬屁的人必無品，亦為劣貨。

- 有勢的人應好好對待弱勢的人，有錢的人應好好對待無錢的人。

- 金錢和權力是人格的兩大試劑。人看到金錢和權力目睭就起濁，起肖狗目，就忘了自己是人。

- 無是非的裁判只有利害的考量，將成不公不義、反淘汰、非人的社會，2000年前孟子的無是非之心非人也，足証之。

- 無形的布施才能健康長壽。布施有大布施與小布施。大布施是關心人類、國家、社會事，是屬功德。小布施是關心個人，施捨個人，是福德而已。

- 一個人一生都活在利害中而無是非之分，將枉為人。一個人一生如只活做大官而無是非，亦即只要有官當，不分是非，是可恥的惡官。

- 功利性的慈善，漂白性的慈善均係假慈善，許多財團的捐款是功利性的。

- 用權力折磨眾生必下地獄。用錢財凌遲眾生也必下地獄。

- 活到現在，已無什麼企求，只求有人性的「道德生活」和保護老命的「健康」兩個課題。

- 人性被權力和錢財穿透後，人類的道德智慧，相對的弱化，也造成人類的墮落，越活越爛。

311

- 道德是自律，法律是他律，自律高於他律。

- 有馬屁就無是非、無公義可言。

- 不負責任的人就是無賴。

- 我現在正拚生命競爭力，至於權力和錢財只是騙來騙去的東西而已，不值我一瞄。

- 好聽話大部分是空的，是聽爽的，是無法做到，也是無責任的話。

- 我最反對「沒付出的享受」。

- 提出方案應面對問題，針對問題、解決問題和可行性方案。

- 心術不正者，必無德。

- 說謊話比犯罪更嚴重，尼克森無犯罪都因說謊而下台。

- 無原則的人必是投機分子，投機分子必奸，這種人是人渣，不能相逢相處。

321

- 投機分子是最奸巧的，看到投機分子比看到魔鬼還可怕。

- 說謊比犯罪更壞。

- 有道德的人才懂得公義，無道德的人也說公義會笑死人。

- 真正智識分子對公平正義比生命還重要，無公義對我而言是活死人。

- 不誠實的人是活假的，浪費生命。

- 無靈性的官位就如無神靈的神位，猶如師公嚇死鬼。

- 標語式或口號式的頌揚語言，是灌迷湯，很難有喚醒和勉勵的作用。

- 為了鈔票什麼都騙，為了選票什麼都騙，鈔票和選票是騙天、騙地、騙神、騙鬼、騙人的籌碼。

- 自然真實才是健康長壽的妙方。

- 無正氣的人，縱然練氣功，氣也不通的。

331

- 講「權」自有爭，爭必對立，對立成兩極，兩極難祥和，天下大亂之源在於「權」。

- 要說有責任的話，才不會信口開河，所謂名嘴自會消失。

- 台灣要解決問題的人太少了，大部分均在製造清談批評，道人之短的小人。

- 以前多做多錯，少做少錯，不做無錯。其實現在多做多罪，少做少罪，不做無罪。

- 大部分的人是活「斗老熱」（湊熱鬧）的，而我永活有使命感的活，好累。

- 抵銷式的思考是徒然的，浪費生命又無補於事。

- 無公義就無空氣之感，很難呼吸，因此無空氣就難生存，如能生存也百病叢生。

- 物化後、錢化後的人類，已失靈性，亦即缺人性。

- 自然—道德規律化，人為—法律規律化。

- 幼時怕鬼不怕人，現在怕人不怕鬼。

- 人生最倒楣的是碰到利害的人，有利害就無道義可言。

- 個人一生待人處世，行事風格均能堅守道德和規矩，還算滿意，唯對掏空人性和地球的政客和財團甚不齒。

- 能忍受無是非，不是自私便是非人。

- 整個社會彌漫著「無恥也傲慢」和「無典範的炫耀」是台灣命斷無救之因。

- 是看他的品德，不是看他的官位，更不是看他的財富。

- 真正有意識之士絕不因權力和金錢而動搖。

- 對權貴應高姿態，對弱勢應低姿態。

- 無是非、無廉恥的社會，很難用logic整合，這是台灣致命之因。

- 會宣傳較不會做，會做的，不必宣傳，大家有目共睹，騙不了。

- 有錢的說錢話，做官的說官話，做鬼的說鬼話，唯有人才說人話。

351

- 重「當官」和「撈錢」而不重「修身」天下必大亂。

- 鈔票（資本主義）和選票（民主主義）是掏空「人性」和「地球」的兩大元兇。

- 無私才能「無懼無憂」否則懼不斷，憂不完。

- 大部分的人都是說給人聽，叫人做而自己不做。

- 說謊、騙人是最自私又奸險的人。

- 私心是一切罪惡之源。

- 傲慢的人取得權力，人民只有死路一條。

- 取得高學歷而傲慢的人，等於沒讀書。

- 傲慢的人對社會、對人民均有害的。

- 很可憐！台灣竟有馬屁大學還有馬屁老師，無品無格！

361

- 說謊與做假是現行大官的本領。

- 台灣竟只有問題而無答案的國家。

- 團結固然是力量，但壞人的團結，人民必受殃，好人與壞人團結在一起，人民也然，惟有好人的團結，壞人才會消失，團結才有意義。

- 不公正、不公道的人是最會歪哥（貪污）的。

- 爭權奪利是折損生命的主因。

- 錢有兩種，花掉的是錢，是財產，沒花掉的是紙、是遺產。

- 權力只能有慈悲的霸氣和公義的霸氣，而不能有私慾的霸氣和私人情緒的霸氣。

- 不少嘴巴掛著本土而吃台灣人，欺侮台灣人，可惡！

- 人最怕活得不清不楚。

- 現在的學歷有拼裝學歷，也有公關學歷，還有灌水學歷。

371

- 無前因後果的話，是空話，聽了會浪費耳朵。

- 現在只有投機份子而無智識分子。

- 權力的節制和慈悲對社會人群才有正面的意義。

- 違背自然的成功是罪惡的。

- 無公義如無空氣，會缺氧而亡。

- 心中有私自不會說「真話」。

- 無典範的權力是害國害民害子孫的毒源。

- 語言暴力不亞於核武暴力。

- 作秀為騙人之本。

- 台灣由於道德出問題造成「人禍比天災可怕」。

381

- 人害比公害嚴重，人禍比天災可怕。

- 腦神經不平衡時，自無公平正義感。

- 活著不活也不行，但看到無天理的社會，活得相當辛苦和無奈。

- 由他的言行，嘴臉，立即可判定他是正派或邪派。檯面上那些民代或名嘴的嘴臉和言行實不敢領教，邪得太多了。

- 活在不真實又虛胖的世界上很不甘心。

- 心惡的人只有靠時光凌遲他，淘汰他，修理他，毀滅他，其他均難奈何他。

- 要認真活，要正派地活，上蒼才會給你很多時間活。不要懶惰活，不要烏魯木齊活，否則上蒼會把你的時間收回。

- 讀書人如無是非之心，是白讀。

- 過去的校長有校長臉，老師有老師面，現在的校長、老師不是功利面便是政治面，為人師表的教育人員如無格調和典範，怎有身教呢？

- 有「道理」才會「順」，有「順」一切OK，有道理才能健康長壽。「道理」無法用錢買或權力解釋，所謂「道理」就是「天道」「天理」，任何人絕不可違天道天理，亦即不得逆天逆理，民間流傳「道理不明，氣死閒人」即無道理會氣死人，還有「有理走遍天下，無理寸步難行」「順天者昌，逆天者亡」，足見要有順天應人的道理。

391

- 無是非之分等於活得不明不白。

- 知恥的人才有尊嚴，有尊嚴才有價值。

- 面對金錢和權位就無尊嚴，人格掃地。

- 不守時（遲到）是見笑的（愧慚）也是無尊嚴的。

- 爭權奪利如妖魔鬼怪是傷身又傷神的，會影響生命。

- 不能無正負之分，否則將失之毫厘差之千里，損害慘重。

- 說話難整合，做事易整合。俗語「十嘴九腳倉」。

- 要有目的才活，無目的的亂活，可不必活，免浪費生命。

- 反道德、不說道德的人，與人不一樣。

- 權力和金錢與道理不能對話。

401

- 有道德的人才會自律，無道德的人只會自大。

- 有意識形態的，必無是非，無是非就無公義可言，因此與意識形態的人談道德、談是非心、談公義是不可能的。

- 有私心才黑箱，無私才能陽光化、透明化、公開化。

- 誠信和道德是絕對的，而民主是相對，因此在相對性的民主社會，實踐絕對的誠信和道德永遠是吃虧，輸到底而成憨人。

- 古代「天倫之樂」是天經地義的最高感受（享受），是至高無上的家庭倫理價值觀，功利社會很少聽到「天倫之樂」，以「權力之樂」和「金錢之樂」替代「天倫之樂」，是物化人生而非靈性的人生。

- 好人除了錯誤外，是變不了壞人。

- 是基於道德、客觀、公義的是非之分，並非主觀下的是非之分。

- 主觀（自以為是，獨斷獨裁），客觀（眾人為是，尊重民主）。

- 有實力自有威，無實力威不起來，並非在官位的高低，無威就領導不起來。

- 無慈悲心的人，起不了正義感，冷血的人更無正義感。（看民視異言堂越勞在台灣被台灣人欺侮、凌辱有感，離鄉背井、拋夫棄子，遭到冷血台灣人的壓榨，過著非人的生活，甚不滿）

- 最不想交往的對象－「政治人物」榮登第一名。

411

- 天賦人性比天賦人權重要。

- 領導人都在等人的，遲到的人無資格當領導人。

- 公權力成私權化，拍馬屁自然出現。

- 台灣公職人員主要工作
  一、最重要參加喜喪事、廟會、發紅包。
  二、握手和拍肩。
  三、做秀、肖話、謊話一大堆。

- 無公義必折歲壽。

- 一生最不幸的是與無道德的相識、相處、相遇，就如同看著鬼的倒霉。

- 寧與有道德的無勢窮人為友，都不與無道德的權貴富人為伍。

- 倫理道德、公平正義是我的基因、陽光、生命。

- 養老固然重要，尊老敬老更重要。（尊老、敬老是尊嚴問題）

421

- 手機是隔絕親情的高牆。（看青島早報第二版）

- 有的玩金錢會快感，有的握權力會快感，而我有公義就快感，我厭煩不公不義的權力和金錢。

- 平生如說一句錯話，不實在話或對不起人家，我內心痛苦萬分，除了自責還暗自掌嘴搥胸，一段時間才會平服，這是我的本性，迄仍保持赤子之心。

- 看到部分媒體名嘴在批判、謾罵、攻擊、謀殺人格，尖酸刻薄的嘴臉，實在很恐怖，心痛、難受，一點良心都沒有，為了區區一～二小時不到萬元的酬勞，願說那些不厚道，擔任謀殺他人人格殺手的角色，與那些天天搶劫、殺人的兇手有何差別？一是動刀、動槍，一是動口、動嘴之別而已。

- 面對權力傲慢者和拜金主義者，只好避而遠之，細胞才不受傷。

- 自大心重的人，不會欣賞他人的優點、善良和美，甚至忌妒而自甘墮落。

- 不喜歡說「空的」說「寵的」（爽）的話。

- 要做就要做尚好的，做第一流，否則就不要做。

- 要為工作而生活，而非為生活而工作。

- 應建立「有機家庭」，也即倫理孝道家庭。

431
- 母親節大部分是形式的、表面的、堂皇的，是「功利的母愛」，而非「天倫的母愛」。

- 任何脫離人性的權力和財富，我都很厭煩的。

- 無誠信的人，無資格說「謙卑」。

- 不知感恩的人，絕不會謙卑的；不知感恩的人，也不能做朋友；不知感恩的人，永不會成事的。

- 社會有道德，老實人始能生存。

- 不獨自己要絕對誠信，也要提防被不誠信的騙子消遣生命。

- 投機、馬屁、西瓜人、無是非，這些人最陰險，切不可相處，也不可為友。

- 活在logic裡才不會出軌。

- 腦海裡只有是非，只有善惡之分，只有對事不對人的為人處事的生活態度，最怕顛倒是非，顛倒黑白而產生冤枉，害國害人之事。

- 人生最痛苦的是與不喜歡的人見面，人生最不幸的是與利害的人為友。

441

- 活「現在」時，已想到下一步工作，甚至再下下下去的工作，如此效能才能高。

- 權力＋不誠信＝詐欺集團（惡勢力）

- 為了活真實，我不聽空話，不喜馬屁，馬屁、歌頌均為無形殺手在虛耗我的生命。

- 天理良心才產生道德，有良心的人才有道德，無良心的人自無道德可言。不談道德、不守道德者，均為無良心的人。無良心的大官如洪水猛獸。

- 看他做出什麼事，而不聽他說什麼鬼話。

- 道歉就可免責嗎？公權力是責任不是道歉，公行為如有違失、不當，應負法律、政治、民事責任，不是空口道歉所可解套的。

- 為自己利益而讀書，是不必讀的。讀也浪費時間和生命。為往聖繼絕學，為萬世開太平而學，將成為歷史性人物。

- 無法說公道話的人，必是腦障。

- 人生最怕認識小人和豎仔。

- 領導者一次無誠信，是小人也是豎仔，人格崩盤掃地。

- 人生應活得清楚，不可模模糊糊地活（不可有模糊地帶）。

- 不說公道話，不說真話的人，是沒良心、沒道德的，必受天譴。不少所謂名嘴是靠這些而成大富，也即違心的賺錢術。

- 是看他的行為舉動，不是聽他口沫橫飛。

- 多為他人而活必長壽（上天會補給你），只為利己而活，將短命（上蒼會給你公道的命）。

- 只要傲慢
  一、資源很易消失。
  二、地位一落千丈。
  三、財富會驟減。
  四、朋友驟散。
  五、聲譽成負面的。

- 罵（批）人的話好說，正直的話難說。

- 無誠信的不是人。

- 腐敗社會的權位者，均在不良示範地掏空台灣。

- 不可與馬屁精和投機客為友。

- 投機和無能才須靠黨派（幫派）生存。

461

- 學者和民代才有批判的權利，而官員只有做的義務。

- 有責任感的人，才不會丟臉。

- 過去說金錢會使鬼拖磨，現在權力更會使人拖磨。

- 權力足以掩蓋很多罪惡。

- 權力和金錢最會造假，用權力和金錢說話，連鬼也要相信。

- 無是非之心，就是無知，無知的人會顛倒是非，顛倒黑白，造成無數冤枉，社會自無公道正義可言。

- 對倫理道德不可有失智症。

- 如果道德不遵守，那要遵守什麼？是不是要遵守你的。

- 無道德情操的領導者，必成暴君而行暴政。

- 「廉能與乾淨，勝過腐敗的民主，腐化的民主政府應為人民唾棄。廉能才是『普世價值』。」，腐敗的民主應受淘汰，心機不良的人，才說民主是普世價值以誤導人民，只有「廉能的民主」才是「普世價值」。

- 「說真話」，我只聽「說有的話」、「說做的話」，我不聽「說無的好聽話」、不聽「無做的話」、不聽「無真的好聽話」。

- 柿仔可挑軟的來吃，話不可只挑爽的來聽。

- 犬吠火車的言論，自由何用！

- 這把年紀，應儉儉仔活：只能做無本生意了！

- 傲慢的人，只會檢討他人，不會檢討自己，唯有謙卑的人才會檢討自己。傲慢的人永不認錯，唯有謙卑的人才會認錯。

- 讀聖賢書必須照字，一字一字地去做，好好做。否則讀書是枉然的。

- 人一旦「官」附身就不像人，就如「鬼」附身，失常。

- 自然的不自由比人為的不自由更痛苦，如自然的生病。

- 中國不可怕「可怕的是台灣的政府和人民的無知」。

- 人權和民主是詐騙集團的提款卡。

- 活到86歲，不可亂活，有必要的才活，活不夠的要補充活。要完美的活，已無來生了。

471

481

- 真正民主少之又少，大部分是特權和惡勢力的民主。

- 說不負責的話，會被雷公劈死。

- 否定真實、扭曲真實、誤導真實均非善類。

- 真實就是事實，用不著解釋，真理才可解釋，亦即所謂「真理愈辯愈明」。

- 請大官演講，大部分是說官話，不是人話。

- 堅守道德，永保新鮮。

- 權力屬於公的，自然謙卑，權力當為他家的才會傲慢。

- 壞人當道，我難活，忿忿不平，心如刺，人性、地球遭掏空，懸念子孫難永續。

- 日本NHK節目均為正面典範教育，台灣電視均為負面示範，反教育。

491
- 台灣史是由幫派、特權、惡勢力三股勢力定位的，根本無真實的典範史，要憑什麼立國。

- 我永是播種人，而非割稻仔尾人。

- 台灣取得博士的讀書人有數十卡車，真正有是非之心者有幾人？可憐！

- 無是非之分的學者、博士，均非智識份子，只能算是文盲而已。

- 硬拗是土匪。

- 無公義心的官員、民代是孬種，也是毒蛇。

- 腦筋裝垃圾，就是官位多大，也是垃圾。

- 得意時怕死，失意時難活。

- 「有實力就不用公關」，靠公關起家的，非好貨。

- 道德是一切之根，民主、自由、人權、法治是枝葉，無根的樹木不會有枝葉，同理，無道德之根，怎會有枝葉的民主、自由、人權、法治呢？

- 人活久了就會油條、老油條，一油條了就沒完沒了，不講道理，腐敗、對撞…一大堆問題。

- 騙選票比騙鈔票惡質。

- 任官應以「實力任用」而非「利害任用」或「酬庸任用」。

- 說真話、做實事才是活真的。

- 自私自利就是自絕自殺。

- 無真正誠信的任何權力和財勢，很快就會變天輪迴的。

_501_

- 違背良心的人，一生逃不過良心的嚴厲制裁和天理昭彰的因果報應。

- 我「做事」很風光，但「做官」就不行。

- 很悲哀，大官顯要，無知也傲慢，無恥也；無能也傲慢，無賴也。

- 失去人性的人，自無道德感。

511

- 讀書人的墮落在於愛做官和愛錢財，完全沒是非沒良知。

- 看人的臉色呼吸、說話、吃飯的人是最沒出息的，指台灣不少讀書人（智識份子）很喜歡扮演這種角色。

- 吃香喝辣、法國紅酒、頭等艙票、五星飯店，是藍綠高官的榮華。

- 一生均在拍大官或有錢人馬屁大漢（長大）的人，是最不出息，被看不起的動物。

- 面臨人類存亡，應制定掏空地球和掏空人類的罪責。如破壞地球罪和毀滅人類人性的罪責。

- 權力與良心成反比例，學歷與良知也成反比例。

- 馬屁不除，國乃滅亡。

- 不是名位而是內涵，世上不少惡名昭彰的名人。

- 用人應以品格和能力為準，惜現在以近親和關係為先。

- 「無能又傲慢」無藥可救，應被唾棄。

521

- 有良心的，才算人，沒良心的，禽獸不如。

- 有錢的人較懶惰活，無錢的人較骨力活。

- 禮儀是教養的基本，也是謀生的利器。

- 無誠信，民主只是騙子的招牌而已。

- 無私是健康之本。

- 傲慢是墮落之源。

- 人格的矛盾一定不健康。

- 說動態的話，做動態的事，不說靜態的話。

- 「無私」一切ok，「私心」沒完沒了。

- 我與任何人對談時，口中均在為對方「設想」，也喜為對方找「答案」，這是我的習慣。

531

- 一位長期腦筋生鏽的人，永難走出道德和公義的天地。有倫理道德、有公平正義的人，才有是非、才有公道。

- 做是解決問題之本，說到做到、想到做到、願到做到、看到做到，才有意義，不做，什麼都等於零。

- 有是非才有公義，有道德才有民主。

- 我不欣賞違背自然的經濟力，違背自然的經濟力，將掏空人性和地球。

- 要說「有的」我才會聽，不要說「沒有」，因我已沒時間活「沒有的」。

- 在台灣不是講理的地方，講理等於秀才遇到兵，有理講不清，台灣只是硬拗的社會。

- 一旦進入意識形態，頭腦就被鏽卡住，很難動彈，一輩子腦筋生鏽，很難翻身，永被鏽綁架。

- 沒有自信的話不說，沒証據的話不說。

- 披著名牌「民主」的外衣，行傲慢、獨裁的專制。

- 在假民主的口號下，被騙了一輩子，「很不甘心」。

- 所謂多元化是見人說人話，見鬼說鬼話，真實、誠信、道德、聖經、佛經、法律均是單元的，唯有無恥、無賴的騙子是多元的。

- 台灣的所謂「民主」是特權和惡勢力的溫床。

- 做壞人容易，做好人較難，因好人要修養。

541

- 過去「不見棺材不落淚」，現在縱「見了棺材，也不落淚」，人性已變了。

- 無邏輯的人，不能做朋友，他會變來變去，很難有邏輯的友誼。

- 無公平正義心的人，沒資格擔任管理眾人的事。

- 矛盾的生活，對身心是不健康的。

- 人不可黑白活，不可亂活，要有規律的活，要有責任的活。

- 硬拗和豎仔就是惡勢力。

- 要說人話，不要說官話和鬼話。

551

- 以利害分是非，就沒有是非。

- 美國總統川普就任二年，說謊8,125次，這是美國式民主，也是美國總統的教養。

- 存心冤枉人的人，其心比毒蛇更毒。被冤枉的人就如被毒蛇咬到，隨時會喪命的。

- 有公義才有和諧，功利只有鬥爭。

- 無倫理道德和公平正義的社會，只是富裕的動物園而已。

- 文盲時代是以道德論是非，文明時代是以智識斷是非，無是非就沒公義。

- 無是非之分是冤枉之源。

- 在倫理道德、公平正義的前提下，始有真正民主、自由、人權的社會，否則所謂民主、自由將成特權、惡勢力、貪腐的溫床。

- 任何沒道德基礎的成就，不是泡沫便是氣球式的成就而已。

- 無品德教育就無好人、壞人之分，亦即好壞一樣，修養好的吃虧，不公道。

- 智識份子應沿著歷史而行，現在很可惜，是沿著錢財而行。

- 違犯道德等於違犯法律，不遵守道德等於不遵守法律。

- 想準的才說、才做。

- 製造是非、冤枉他人造成冤情、冤獄，罪最重，天神絕不放過，必受最嚴重的因果報應。

- 與有智慧的人相處、見面、說話，你的細胞才能活化，與缺德的人相處、見面、說話，你的細胞會壞死，吃什麼補也罔效。

- 道德就是良心上的法律，比一般法律還高。

- 無法分是非、善惡、好壞、黑白，不是麻木便是腦殘。

- 無是非就無公道。

- 心正自會健康。

- 解決根的問題，枝葉沒完沒了。

571

- 有原則才有結論。

- 解決問題為前提，然後才有其他想法、念頭。

- 學（者）人的傲慢不亞於權力的傲慢。

- 學者加入幫派（黨）或與幫派為伍，就無是非，失去良知，所讀的是枉然。

- 有意識形態的人是不分是非的。

- 昔時讀書人是清流，現在是亂流。

- 官員不想播種，只想截稻仔尾，這個國家就完了。

- 不獨能解套問題，更能解決問題。

- 假新聞固然令人討厭，但假民主更可惡。

- 現在出版的書大部分是文字遊戲或文字魔術，無思想、靈魂和核心目的，讀了浪費時間、浪費眼睛。

581

- 媒體和文化人無法杜絕詐騙集團和豎仔的行動，反而助長政客演連續劇，台灣只有絕路一途。

- 談問題，不講廢話。

- 做多少，說多少，不要多說。

- 無公義感的，不像人。

- 功利社會，公義難存。

- 過去讀書人是國家歷史的捍衛者，現在讀書人已淪為爭權奪利的高手。

- 不要在口爽中落人把柄。

- 過去「人」是感情的動物，現在「人」是利害的動物，感情是親愛合作，利害是鬥爭對立。

- 民主制度下的讀書人，見人說人話，見鬼說鬼話，悲哀！

- 看到公義被殘踏和欺侮，有萬箭穿心之痛。

591

- 家庭是說感情，社會是說道理。

- 民主無貪腐，貪腐非民主。

- 要說正直、清楚的話，不要說拐彎抹角、不明不白的鬼話。

- 天理不明，氣死正人。

- 意識形態是自私、獨斷，無人尊敬的偏頗思想。

- 一位有歷史性的領導者，不獨應具「做事能力」更重要是「人格典範」，否則只是一篇垃圾史。

- 很不幸，活在硬拗、豎仔統治下，很不甘心。

- 正直和清楚是人最高境界的修為。

- 無公義的民主是吃父偎父、吃母偎母，而無是非的民主。

- 不知公義，非智識份子。

601
- 過去「有理走遍天下，無理寸步難行」，現在「無理走遍天下，有理寸步難行」無道也。

- 學人競相當惡官的幫兇，是亡台之兆也。

- 是惡主而非民主。

- 民主不能淪為詐騙集團的道具。

- 是非不分，好惡不清，就是亂活一場。

- 幼時鄉村偷一隻雞就被村人罰跪，一生沒法見得人，現在殺人放火、分屍，甚至殺害尊親屬，都不稀奇。

- 人情債比金錢債難還，因此感恩是永遠的。

- 感恩應是天性，也是人性。

- 沒良心非人也。

- 沒天良就沒人性。

611

- 領導人如沒誠信,僅是詐騙集團的頭目而已。

- 超越自可避免墜入紛爭中,虛耗生命。

- 廢話不要說、謊話不可說、假話不應說、邪話不能說。

- 現在社會只有「功利」脾氣,而無「公義」脾氣。

- 無「公義感」等於「沒讀書」。

- 智慧、公義是無限的;物質(金錢)、名利是有限的。

- 台灣人最可憐,辛苦得來血汗錢,供藍綠玩耍、惡鬥、分贓、吃香喝辣。

- 讀書讀呷連「是非」都無法分了,等於沒讀書。

- 聚餐或聚會,大部分談公關語言,很少談實質或解決問題的語言,浪費時間。

- 公關語言是自私,最巧妙的詐騙語言。

621

- 領導階層大部分無風骨,只有獸骨。

- 只要有富有的錢財或位居要津,不是人也沒關係。

- 麻醉嘴比麻醉藥可怕。

- 信用是不分階級的。

- 「做」就沒理由，「不做」理由一大堆。

- 亂七八糟即多元化的意思。

- 無私必具良心和公義心。

- 手機是破壞家庭倫理的元兇。

- 過去活真的佔90～99%，現在活假的佔90～
  100%。

- 傳統家庭重家道、家業、家學、家規。

631
- 人雖善良，但最怕是做錯事而不自知，自成硬拗。

- 無公義就無尊嚴。

- 我喜提醒人家，而不喜責備人家。

- 結構性問題沒解決，一切均為空談、騙人的。

- 薩依德「知識份子的主要責任是批判權威」，
  而現在的智識份子是討好權威。

- 一逢權力必無是非之分，一碰錢財必無善惡
  之別。

- 要從嚴查核自己，不隨便查核他人。

- 功利社會，倫理孝道崩潰
  一、養子－成養虎為患。
  二、孝順對父母，現成「順我者昌，逆我者亡」。

- 恩將仇報，必遭天譴。

- 無因果就沒天理。

641

- 不要把它當成問題，自然就沒有問題。

- 好人不怕死，壞人最怕死。

- 所謂民主是主政者吃卡壞的，人民在野吃卡好的。

- 有權力的人，不可罵無權力的人。

- 白道不見得比黑道好。

- 台灣的選舉除了選黑與金外，是說謊比賽，罵人比賽和抹黑比賽，悲哀！

- 人逢權力必無是非。

- 台灣社會對政治人物不可仁慈，對政治人物仁慈，等於姑息壞人。

- 要用解決問題的幹才，不用解釋問題的豎仔。

- 有權力的人，往往不喜倫理道德。

651

- 權力落入無道德、無良心、無公義的人之手，比落入土匪之手更可怕。

- 白道幫派（政黨）比黑道幫派更惡劣。

- 姿態高做小事，姿態低做大事。

- 無骨頭髓的才成西瓜人。

- 讀書人甘為權勢的僕人，悲哉！

- 台灣人的劣根性，是自私自利。

- 無道德無公義的國家是動物園。

- 自然生態的破壞和倫理道德的淪喪是人類的大災難。

- 過去是有志者和士紳，現在是豎仔和惡霸。

- 反常的台灣社會「無恥也剛」。

661

- 現在所謂讀書人，敵不過一窩魚翅，很可憐！

- 學術權力化、學術功利化、學術黑金化，是學界的悲哀！

- 應找有公義和真實的人、朋友和環境一起活，否則如無水的魚，無法生存。

- 教育改革之首在於人本教育，不懂人本教育，要改革什麼？

- 道德的崩潰在於功利和多元。

- 過去人家說不要「得理不饒人」，現在「無理也不饒人」真是野蠻透了。

- 古代廉恥是人的生命，現代很難看到有廉恥的人。

- 無公義的人不能用，也不能做朋友。

- 有權力不拚公義是罪惡，有金錢不拚慈善也是罪惡。

- 唯有無私、公義、道德、真實之下才有理直氣壯。

- 與窮人做生意，好做；與富人做生意，難做。

- 不支持公義就是不道德，不支持真實也是不道德，支持功利更不道德，支持勢利眼也是不道德，現實的人也是不會有道德的。

- 靠挖他人牆腳始成功的是小人。

- 所謂多元化社會，係指無原則、無善惡之分、無是非之分的社會。

- 台灣人本教育徹底失敗，功利教育相當成功。

- 多元化出了雙面刀鬼、多面刀鬼。

- 權力足以使人忘掉自己是人，取得權力的人往往跟人不一樣。

- 看不公義的媒體、文章，頭腦會壞掉。

- 無倫理道德的富有，不是人的富有，而是動物園的富有。

- 功利只有利害，而無是非、無公義、無道德可言。

- 以利害分是非，自無是非。

- 不可在溫室內批判溫室外的人。

- 勞動是人生一大快事。

- 亂流式的思考是危險的。

- 要做給人看，不是說給人聽。

- 貪時間不亞於貪金錢。

- 說是非不說利害必忠，說利害不說是非必奸。

- 無是非的活，就是活得不明不白。

- 有的拚命賺錢，有的拚命要做大官，而我只拚生命競爭力。

- 平衡才能存在，因果論與平衡是一致的。

- 忘了壞人，你就會快樂。把壞人記在心裡，你一定痛苦的。

- 恩情可不報，但不可不知。

- 面對權力自無品，面對金錢自無格。
- 天下無難事，只怕有私心。
- 言行不一、不是言行神經分裂便是騙子。
- 吃虧才能得到尊敬。
- 看不到正義就如看不到太陽。
- 不知見笑的人、能算人嗎？無恥的人與禽獸何異？
- 一生不願垃圾吃垃圾肥。
- 說利害的是小人，說公義是君子。
- 無是非就沒完沒了。
- 不喜愛公義和真實的人，算人嗎？像人嗎？
- 硬拗是橫柴抬入灶。
- 無公義反應是麻木。
- 攀附權勢的人，不會有道德和公義，應敬而遠之。
- 說真話，做真事，是活真的準則。
- 很多人喜聽爽話，不聽實話。
- 認錯是美德，我喜與勇於認錯的人結交為友。
- 如果說話不負責，算人話嗎？
- 多元化是混淆價值的。

701

哲理

5

001
- 忍耐是成功的防腐劑。

- 人生應重質不重量。

- 我出生如一縷白布，希望到生命結束仍然是白布。

- 人與人之間感情的結合容易，但也容易破裂；理智的結合較難，一旦結合後即很難分離。

- 思想即「創造的智慧」。

- 原則要堅持，生命要珍惜。

- 只要你對人類有熱情，成功總可預知。

- 可以反對我，但不可反對真理。

- 以感情決斷一切的人，是最偏見的。

- 審判的人，有時是犯人。

011
- 對不如意的事，不要太認真，就不會有痛苦的感覺。

- 人之價值在於智慧、能力、品格，而非金錢或權力。

- 今日如有不如意，明天也許會給你帶來如意，當你心情不好時，時間自會幫你解決。

- 未形成有系統思想的人，他的思想必是東一塊西一塊、零零碎碎，不能算為知識份子。

- 容忍而不是妥協。

- 自然即真實，人為即虛假。

- 違背倫理道德—自然的壞人；違背法律—人為的壞人。

- 做給天看，做給好人看，不做給壞人看，壞人也看不到。

- 私心重，個人的情緒多；無私心，個人的情緒少。

- 多檢討自己而勿檢討他人。

- 法律是功利的產物，道德是自然的人性。

- 無道德就無國家，無道德就無人類。

- 人類的進步應維護人性尊嚴，並非物化或功利化。

- 道德力比核子力還強。

- 事實加邏輯（logic），便可接受任何挑戰。

- 道德是數千年來人類的準則，非一朝一代的準則，是最超然、最客觀、最公正，最有人性的。

- 吃虧等於投資，受冤枉也等於投資，被害也等於投資，最後老天爺會給你主持公道，還你一切。

- 淚與人性，有淚才有人性，俗言「無血無眼淚」，指的是最兇惡的畜牲，因此有血性和淚性才有人性。

- 人類價值觀念的徹底建立，才能解決人類問題，包括政治、社會、人生。

- 有責任的自由才是真自由。

031
- 道德不是口號，道德是人性，也是行為。

- 一個決策者應有能力在兩難中作最精準的選擇。

- 旱田怎可播稻？水田怎可種花生？

- 吃少放少，節省時間又可健康。

- 無道德就無民主。

- 人生最公平的是時間，不分貧富貴賤。

- 巧辯的人不會做事，做事的人不會巧辯。

- 會做事的人，說會做事的話。

- 倫理是人與人的關係，宗教是人與神的關係。

- 無道德細胞或血液的，任何發展和成就都是殘障的。

041
- 可逃過法律的制裁，逃不過良心的制裁。

- 無人性的人，雖不能以子彈槍斃他，但應以道德來槍斃他。

- 金錢勿落入無道德的人之手，權力也勿落入無道德之人之手，科學更勿落入無人性的人之手，否則，成洪水猛獸的大災難。

- 生命鮮度＝積德＋讀書。

- 基本人性：重義務；基本人權：重權利。

- 法律是將人圍在籬笆內使其不會亂跑，道德是不需籬笆自己也不會亂跑。

- 說有用的話，不說廢話。

- 以柔克剛，以靜制動的哲學值得深思。

- 鋒芒太露很容易折斷，人在成功之後，就急流勇退，才合於自然之道。（我的退休是一例）

- 聊天才會真實，討論的就不會真實。沒有準備的較真實。

051
- 年齡越來越大，地位越來越高，但千萬勿忘記年輕時的活力和價值，因此我百分之七十滯留在年輕的心靈和生活，只有百分之三十隨著年齡和地位而去。

- 珍惜時間就是珍惜生命。

- 人一活久了自然就沒有是非心，因為活久了會膩而麻木不仁。

- 解決問題的智慧不可無，製造問題的聰明不可有。

- 知名度與聲望不一樣，知名度是不分好壞，聲望則是只有好的。

- 多元化與邏輯是矛盾的。

- 你要生存，你就要勞動和運動，這是對等的，不能逃避，也不能懶惰。

- 你要苦多少才能活多少，不苦就不能活。

- 天倫之意，即倫理是天性。

- 最舒適時，時間過得最快；最艱苦時，時間過得最慢。

- 公道前提是明斷是非，明斷是非的前提是真實。

- 我永遠走在時間的前面，而非走在時間的後面。時間是跟著我走，別人是跟著時間走。

- 人活得無是非、無善惡、無黑白，不知在活什麼，將來只有不明不白地死去。

- 少吃能活是福，多吃能活是禍。

- 與不喜歡的人見面是人生最痛苦的事。

- 生活在權力保溫箱內的人，不但不會長進，甚至會被埋沒，跳出權力保溫箱才有自己的天地。

- 權力慾強的人，心胸較窄小，容不下他人意見。

- 如果是「無因果」，大家都要去做壞事了。

- 道德的淪喪是政治腐敗、社會亂象之源。

- 無意識和靈性感受的人生，只醉生於物質和權勢，有何意義？

- 人面臨死亡時精神可能崩潰，不得不接受不得已的現實，隨而失去生命。

- 有道德始有是非，無道德不會有是非。

- 頭腦不要被「無路用的東西纏住」。

- 人生「該活」與「不該活」應劃清界線，否則一個人沒有那麼多時間去「亂活一場」。

- 智慧如清水，智慧也如鮮血。以智慧注入的水可清，以智慧注入的血也清。無智慧，水越濁，最後成泥漿。無智慧，血越濁，影響人命。

- 德育為五育之本，也是五育之首，非五育並重。

- 如果說世上有「神」存在的話，道德就是神，神如不道德就無格當「神」。

- 有道德修為的人，才懂得公道、公平、正義，才能維護公義。

- 單純的生活，是身體健康之本。

- 唯有人格（道德）不會貶值，甚至還會增值。其他無人格的官位或財富都會貶值，甚至破產。

- 心靈改革即弘揚倫理道德，方法有二：一是人本教育，二是價值重建。

- 人都是一個父親生出來的，因此人人平等、公道。除非是好幾個父親生的，才可欺侮人、辱罵人、吃人、吃天、吃地、吃銅、吃鐵。

- 健康、道德、智慧，是我生活的三要素。

- 理論（學理）可爭，事實不能爭。理論可有不同的看法，事實就是事實不可有不同看法。

- 人害比公害嚴重，心保比環保重要。

- 價值是根，價格是葉。

- 宗教成為政治工具，是宗教界的悲哀。宗教成為財團的工具，同樣也是宗教的悲哀。

- 儒家是人性之本。

- 無智慧就無是非，無是非就無公義。

- 人生匆促，應善用生命。

- 無公義的生態，人類還談什麼尊嚴？談什麼文明？

- 沒有辦法的辦法才是辦法。

- 重真實的人，記憶力較強。

- 唯有公義、智慧、無私、真實才會受尊敬，這就是價值觀。

- 私之所至，金石為爛。

- 有歷史價值的人，須具無私和智慧的條件。

- 無公義的DNA，怎會有公義心？無道德DNA，自然無道德可言。

- 為公義絕不與人妥協。

- 真實意識的形成在教育上的重要（十多年前常說）。

- 真實是公道之本。

- 以道德和公義為基礎的想法、看法、做法才是智慧。

- 對問題的處斷，切入要準更要深。

- 不管地位多高還是要走平路，才永不會跌倒。千萬不可走高高低低的路，易跌倒，高高低低自然起起落落。

- 人生深淺度不一，自然能見度也不一，能見度不一，自然影響見解不一。人與人之間意見不一，源於能見度和深淺度不一。

- 思考系統錯亂自然亂不完。

- 當你對一個人或一件事有不良反應或生氣、不喜歡時，你應查清楚（證據）後才可反應，否則不僅冤枉人，甚至損傷自己形象，並產生許多負面的作用。

- 表面都是假的，裡面才是真的。如果相信表面的，註定失敗、受騙。

- 「做」的意識神經必須活化、強化。

- 「真活」和「假活」：真活不浪費生命，假活浪費生命。

- 聰明人往往能做雙面人、三面人或多面人，因此聰明人是見人說人話，見鬼說鬼話。

- 自由如果是天下大亂，那自由對人類有何用？如果自由是壞人的天堂，那更可不必自由了。

- 對人要低調，對事要高調，尤其做學問更應高調。

- 抵銷式的人生，抵銷式的生活，浪費時間和生命。

- 公義人是君子，有人格。功利人是小人，無人格。

- 把握大原則和系統觀念才能整合處理大問題。

- 自己的尊嚴無法維護了，怎有能力維護他人的尊嚴。

111

- 是重點記憶而不是選擇記憶。

- 主觀重就難有「真」的出現。

- 「民主是相對性，是多元的，道德是絕對性，是單元的，上帝是絕對的，是單元的。」要弄清楚。

- 無私自然無黨，孔子說「君子不黨」。

121
- 有私心自無透明度。

- 無意識的活和無責任的活，都是空的。

- 人格才有加權價值，權力和財勢不能作為加權指標。

- 寬容的智慧才能整合精華。

- 聰明是麻煩的製造者，智慧是麻煩的解決者。

- 智慧是根，聰明是葉。

- 陰險（內在）比奸巧（外在）更厲害。

- 名利也是人的累贅，有盛名之累。

- 無私為互信之本，互信為解決問題之本。

- 權力與公義不能對話。

131
- 金錢固應用於刀口上，時間更應用於刀口上。

- 有智慧的人才能治本，聰明人只能治標而已。

- 權力是殘酷、無情、冷漠的，是最不能相處、接近，最可怕的，這是我的感受。

- 無私的共識才能解決問題。

- 無私就無心障，就不會造業。

- 不要掏空你的生命、不要掏空你的人生。

- 短短數十年人生，無法堅持原則，甘為權力和金錢作倀，可惜！

- 唯有「公義獨裁」始能救世人。

- 凡事考量他人，不考慮自己，一定成功的。

- 私心是活鬼纏身，自尋死路。

- 一生無法判斷是非、悟出真理，是白活的。

- 從不因當官而對個人有所昇華。

- 與膚淺的人對話浪費時間。

- 享有與付出必須平衡、對等，如享有比付出多，是不公平，是鴨霸。

- 無私的人，才有瀟灑的風格和人生。

- 為對方爭權益就是為自己爭權益。

- 健康之食，淡如水。

- 不會檢討自己的人，活在世間是多餘的。

141

- 無私是禪修最高的境界。

- 私心是問題之源。

151
- 參與公事、社會事，須具無私和公義。

- 有偏就有私，有私自會偏，偏心即私心。

- 真正有學問的人，自有良知。

- 權力與金錢易使智慧和良知迷失。

- 有公義的實力，自可對抗邪惡和惡勢力。

- 人生要活得完整、完美，不可活得離離落落，
  空空洞洞。

- 人權是建立在人的尊嚴的基礎上，公義是人類
  尊嚴的起碼，因此無公義就無人權。

- 解釋能力高，解決能力低。

- 名利足以使人腐化。

- 多跑步一天多活一天，多在家吃一餐也可多活
  一天，在餐廳多吃一餐就少活一天。

161
- 時間能控制好，生命自能長久。

- 最守時的人，一定是最好人。

- 無公義的人就是無血無淚的人。

- 無公義就如無空氣，會悶死的，窒死的。

- 價值是是非的問題，價格是利害的問題。

- 有限的生命不可浪費於無真實的生活。

- 讀書人讀不出公義的意思，比無讀書的人更差。

- 人如無是非等於活得不明不白。

- 正義是無可選擇的。

- 權力如無公義，權力就變成劊子手。

- 無公義的權力就是土匪。

- 人類的價值在於智慧、道德、人格、典範、公義，如此才有真榮耀，不管生前或死後。

- 自然真實，自然最美，自然不病。

- 無是非就無責任。

- 地位與責任是對等的。

- 感情的結合是一時的，理智的結合是永恆的。

- 七十歲的人，活一天至少要有過去活一個月的效率，否則無機會了。

- 人家拚命賺錢而我是拚命賺命。

- 是說「做」，而不是說「話」。說話只要非啞巴，任何人都會說出來。說話免本錢，做事要代價。

- 儲命比儲錢重要。

- 有新鮮的生命，才有健康的身心。

- 無道德還像人嗎？

- 與自然共生共存才能長久、長壽！太人為化、功利化是短暫的，是炒短線的，是短命的。

- 唯有真實才沒有矛盾。

- 現實的人「必私」。

- 飛機最怕亂流，人也是最怕亂流。不守誠信、不守規矩、不守時間，均為亂流。

- 解決爭議，解決難題，必先替對方設想，然後自然解決。

- 第一流的人，重視根；第二流的人，看枝；第三流的人，只看葉。

- 掏空時間，就是掏空生命。

- 教化「根本」問題，而不是教化「枝葉」的問題。

- 用權力說話或以金錢說話的人，最惡質。說人話的，才是人。

- 年輕時與名利搏鬥，年老時與死神搏鬥。

- 有智慧和善良（道德）才有哲學。

- 善良的人，才有天倫。

- 尊嚴比名利重要。

- 無互信就難存在。

- 生命四度：生命的深度、生命的廣度、生命的高度，最重要的是生命的鮮度。

- 傲慢的人不會有「愛」的，謙卑的人才有「愛心」。

- 人類的弱點是甘願為金錢和權勢而失去人性。

- 自然化的人生對抗物化的人生。

- 一個善良的人是橫不起心來，也狠不起心來。

201

- 一生受小人之害和冤枉迄不敢忘懷，全是恩作仇報，古代說是被奸所害。

- 天災固可怕，人禍更可怕。

- 自然是永恆，順乎自然始能永恆。

- 老實人較有記憶力。

- 自然生態的破壞和倫理道德的淪喪是人類的災難。

- 言行不一致和無邏輯的話（無道理）是廢話。

- 人本並非指身體而已，靈性、人性、人格也是人本。

- 與無原則的人相處是危險的，隨時會被出賣。

- 錢固要用在刀口上，時間更應用在刀口上。時間如能用在刀口上，不只可提昇效率，還可節省生命。

- 拍馬屁是比金錢更高的賄賂。

- 弊案不能辯論，政策才可辯論。弊案是司法問題，政策是政治問題。

- 說真實話不說塑膠話，要自然花不要塑膠花。因為塑膠花是假的、是騙人的、是無生命的。

- 老實人比較有情義。

- 年輕時與金錢死鬥，年老時與死神纏鬥。

- 要有判斷是非的能力，更要有執行是非的能力，如果只知道是非而不去執行是非，等於無是非。

- 心靈上的歸零，就是道德。

- 自然才是真實，人為的是假的，「偽」是人加為，所以是假的。

- 年青的生活習慣應儘量維持到老人（如動作、反應、走路、敏捷、思想新、觀念新、生理不老化……）。

- 有公義才有氣勢，才能理直氣壯。

221

- 真實就是邏輯，真實就無矛盾。

- 智慧是自然的流露，智慧的力量是無限。

- 年輕人睡眠長，因來日方長。年老人睡眠短，因來日不多。

- 是非是千秋的，利害是一時的。價值是永恆的，價格是短暫的。

- 有智慧始有穿透力，有穿透力始有創造力和解決力。

- 說不負責的話比說負責的話容易，說不負責的話簡單，說負責的話困難。

- 無私無敵人，真實免煩惱。

- 有邏輯的人，才有誠信。

- 謙卑是美德。謙卑會尊敬他人、尊重他人，是禮貌，才不會使人難堪。

- 時間分秒必爭，金錢可不計較。

231

- 智慧才是活水。

- 當你達到無私的境界，你就有智慧，你就得道了。

- 有私心就無理念、無理想。

- 人生的意義是能將人性的典範傳承給下一代，影響社會人群，而不是搜括財富和權力。

- 講他人容易，講自己就不是那麼簡單。

- 面對事實沒有什麼可辯論，面對事實還要辯論，等於強辯。

- 吃虧的才有人格，佔便宜的沒有人格，佔便宜等於吃人，自無人格。

- 無私才有公信力。

- 人道主義：只有關懷、包容，而不是指責和排除他人。

- 奸巧的人是最聰明，但無智慧。

241

- 無私的判斷和主張，才是智慧。

- 無私的人，才能看到自然、真實。

- 傲慢的人，無法做事；謙卑的人，始能做事。傲慢的人，祇在滿足自己的情緒；謙卑的人，是滿足他人的快樂。

- 不是拿香跟拜，而是從善如流。

- 談問題須求答案，無答案的問題，是白談的。

- 互相利用就是炒短線。

- 用人首重操守（清廉），次為智慧，再次為能力，然後經驗。

- 所謂講理，就是自己吃虧一點，才有理可講。如果要佔人家便宜，還有什麼理可講？

- 聽公正的話，就有營養，多聽多營養，這是我的感受。聽不懂公正的話者，是憨人，會傷身體的。

- 喜說話的人，較不會做事；喜做事的人，不喜歡說話。

251

- 做事應防「萬一」。

- 有責任感的人，工作能力自然強。

- 一個人的邏輯系統破功，思想行為自然錯亂，無目標、無願景。

- 生命的競爭力，比做官的競爭力，和經濟的競爭力重要。

- 說真實的話，才能「清楚」。

- 如果說不沾鍋，死人最不沾鍋。

- 偽君子和真小人，均非善類。

- 做事看格局，看深度、廣度、高度，看目標、方向，看效能。

- 主觀的人目中無人，表示私心重。要主觀的人，至少應以客觀為基礎。

- 什麼叫做效率？金錢用在刀口上、時間用在刀口上，即馬上辦也。

261
- 俗語說「得理不饒人」，我認為「得理更應饒人」。

- 這個年頭賺命比賺錢難啊！

- 物化的結果，人類將貶值。

- 現在是錢在做人並非人在做人，錢是萬人之靈。

- 功利就無倫理，功利的人生，生吃都不夠了，那有曬乾之理。

- 無公平就無永續，炒短線更無永續。

- 自然真實是人類最有價值、最純潔的生活。

- 心靈的美麗比環境的美麗重要。

- 要裡子，不看表面。

- 道歉是「放屁安狗心」。

271
- 年輕時享用自然資源而活，年老時靠人為資源而活。

- 凡事應追根究底，只追枝枝葉葉，永難成事。

- 得意忘形是人生一大敗筆。

- 腦筋生鏽的人，甚至已有數層鏽，這種人定是秀斗。

- 不是聽他的話，而是要看有影或是無影。

- 說話不要本錢，做事須付代價，因此說易做難。

- 有做才有用，無做，說什麼都沒用。

- 年輕生活習慣化足以延緩老化。

- 做比想、說、寫重要，不做，想、說、寫均等於零。

- 制度固然重要，但好人才更重要，無好人才就是再好的制度也無濟於事。

281
- 價值體系—人格體系
  價格體系—做官體系
  　　　　　賺錢體系

- 有秩序的自由才是真正的自由，如果是天下大亂的自由，與野生動物園的動物何異？

- 傲慢是腐化的開始。

- 雖在名利上升值，但生命上貶值才可怕。

- 真實才有價值。

- 自然最有價值，人為的屬價格。

- 價值是絕對性的，價格是相對性的。

- 無價值就無目標，無方向，只有吃力的空轉而已。

- 價值觀是不會改變的，價值如可改變就不成為價值觀。

- 價格觀隨時可改變，只要碰到利害，立即轉彎。

- 做事比做人難。

- 電腦取代人腦後，人性自然褪色。

- 智慧的人談根，聰明的人談枝葉。樹根是整體的、永恆的、價值的，枝葉是局部的、現實的、功利的。

- 反躬自省是不斷進步的動力。

- 知者才活，不知者不必活，如此才能節省生命的能源。

- 無法解決的事，最好不要去想，不要說。

- 「有人性才有人權」

- 因果法則是公義之源。

- 與說「價格觀」的人說話有夠衰（倒霉）。

- 聽真話、做真事才有用。

- 聽公義話，做公義事才有感受。

- 不談「根本」「原則」「原理」只談「枝節」「枝葉」是永遠談不完。

- 無公義的所得，不獨不光彩，且是罪惡。

- 功利化、物化的結果倫理道德算什麼，價值觀自然崩解。

- 不遵守道德比不遵守法律更可怕。

- 不談道德，天下大亂是必然的。

- 真實最公平，不真實均為假的、虛偽的，均不公平。

- 要說對人類社會有用的話，不要說那些五四三的肖話。

- 愚笨的人，活的都是真的、實在的，奸巧的人，活的都是假的，因為他們都是走雲頂的，會飛天潛地。

- 無道德的人絕不公正。

311
- 不真實就不公平。

- 成就＋謙卑＝真成功
  成功＋傲慢＝失敗

- 得意時如過於炫耀，必有失意時之苦。

- 與無公信力的人說話，等於看到鬼，與魔鬼說話，聽無公信力的人說話，等於聽魔鬼說話。

- 恩情分二種

  一、無形的恩情：屬智慧、精神、人格、地位、人情、關係、學問，是還不完的、是價值的、是無價的、是無限的、難計算的。

  二、有形的恩情：金錢和物質的，易計算、容易還的、是有限的、屬價格型的恩情。

- 公義是道德最具體的表現。

- 壓力應以智慧去處理，自可迎刃而解。

- 無私是健康的原動力，也是長壽的萬靈丹。

- 有道德和公義的成就才是真成就。

- 古代人是萬物之靈－有人性。
  現代錢是萬人之靈－有錢性。
  錢性高於人性，這是人性消失的主因，錢管人，人算什麼？

- 有思想才有靈魂。

- 無私是人生最高的感受，善良是人生最高的享受。無私的人才有善良。

- 被壞人誹謗是光榮，被好人說壞話是見笑。

- 塑膠化的人生，雖表面上好看，但有毒又最無價值的，同時塑膠化的人生無靈性，自無感情，是麻木不仁的。

321

- 無是非就是活得不明不白，等於無活。

- 當宗教功利化、財團化後，宗教教化功能自失，已失去宗教的價值和意義。

- 當權力和金錢主導人的心靈，龔斷人的是非時，就無人的尊嚴和價值可言。

- 待人要有賠二倍的哲學，亦即人家給你一分，你就要還人家二分的心意。

- 領導人不應製造對立或鬥爭，還要防止對立或鬥爭，更要有智慧和度量，無形地化解對立和鬥爭。

- 要說憂患的話，不要說太平的話。

- 可與謙卑的人相處，不可與傲慢的人為友。

- 年輕時在體力上有尊嚴但在地位上沒尊嚴，年老時在體力上無尊嚴，但在地位上有尊嚴。

- 真實的才活，不真實的就不必活，以免浪費生命。

- 大家都愛organic的食物，但維護organic的人類也很重要。所謂organic政治，就是倫理道德的政治和公平正義的政治。

- 無私的人必善，自私的人難善。

- 有「根」的條件、智慧、理念的人，始足當領導人才，台灣之敗，領導者均為「枝葉」之類的小人，亦即五四三的人才，並無「根」和「原則」的人，自難領導台灣。

- 一個人如無是非心，將無法活到人生的滋味（人的味道），亦即孟子說的「非人也」。

- 有人說「多元智慧」我想智慧並非多元，智慧是單元的，聰明才是多元的。

- 無私才有愛。

- 要有logic的「無私」，「無私」是無可選擇的。

- 無私說起來很簡單，但99%做不到，除非有高度智慧的人。亦即有高度智慧的人始能做到。

- 不獨要說「實話」更要能聽「實話」。

- 有清淨心，病毒自除。

- 近世紀來民主過於膨脹，世界上難有哲學家，因民主只求選票和鈔票，無是非，自無須道理，不講道理，自不需哲學家。

- 人為的是假的，唯有自然才是真實。

- 參政者必須具哲學修養和邏輯思考，始能維護人性和人類的永續。當今政治人物均無哲學修

為，才無法維護人性和保護地球，而淪為政客，進而掏空人性和掏空地球，造成人類面臨存亡的危機。

- 有哲學修養的人參政才能成為政治家，無哲學修養的人參政，只是政客。

- 要說「根」的話，少說「枝葉」的話，要寫「根」的書，不寫「枝葉」的書。聽枝葉的話，看枝葉的書，將浪費生命。

- 不管你地位多高，金錢多富，年齡多老，都不應老氣，應永遠保持稚氣。

- 要說有靈性的話，不要說塑膠話，不說空話。

- 真話較難說，空話較流利。

351

- 台灣的口水比洪水更厲害，口水淹沒了道德公義，洪水掏空了自然生態。

- 有邏輯的人較會說理，較有記憶力，也較有責任感，當然較不會老人痴呆症。

- 不能、不可能的事，不要說、不要聽、不要寫、不要想。

- 如果說我有官位，應是「不做官的官」。

- 我一生最不喜人管，但我管自己比任何人嚴。

- 我是看公平正義而活，而不是看人的頭臉而活。

- 勤儉不獨是美德也會健康長壽。

- 少想錢才會健康，不想錢才會長壽。

- 道德力比權力和錢力強。

361 · 要用「氣」而活，勿用「力」而活，氣是天然的，力是人為的。

- 要聽「有的」不要聽「沒有的」（空的）。

- 有智慧的人不會說謊話，聰明的人才靠說謊話生存。

- 歸零與logic是我生命的動力。

- 與有智慧的人相處，如沐春風；與有錢的人相處，會被錢壓死；與有權力的人相處，永站在下方。

- 倫理孝道不存，繼承權也不應存在。

- 歸零即平衡｜歸零才會謙卑，才會慈悲，才有公義，才會和諧。

- 什麼是幸福：家裡沒病人，牢裡沒親人，外頭沒仇人，圈裡沒小人，身邊沒壞人。

- 活得單純，可節省生命，不必活的，不要活。

- 領導者必具高學識，始有潛能，才有無限的發展空間，帶動全民進入新的境界。

371

- 傲慢的人最自私。

- 領導者除應有的道德基礎外，應有高度的智慧和高深的學問，才有高度、廣度、深度、遠度的執政潛能，才能維護人類的永續和地球的完整。

- 人生能達到「無我」境界，一切痛苦就解除了。

- 人總是怕死，但年老或病痛或活到無可奈何時，你會很願意接受死神的招手，而不怕死了。

- 天人合一，順天應人也即人應與自然結合，自然是真實，人為大部分是假的，「偽」人為之意是虛偽、是假的，唯有自然才是真實，因此不真實就不自然，違背真實就是違背自然、違背天理。

- 無私是智慧和慈悲的源頭，自私自無智慧也慈悲不起來。

- 爭權與奪利是最折損生命的兩帖毒物。

- 無私才有平衡，才能存在。

- 無私才不起煩惱，無私才有謙卑、慈悲心。自私因心機重，煩惱自然多，會折損生命。

- 無私（無我）才沒有妄念、雜念、惡念，細胞才不會壞死。

381

- 分秒有良心，件件有良心，才有陽光。

- 先是非後利害，先價值後價格，才是正人之道。

- 有體會有感受才會去做去解決。

- 心靈環保即是無私。

- 無私是積德之本。

- 傲慢的人絕無慈悲心，謙卑之人始有慈悲心。

- 無私為一切之根，無根就無一切（枝葉）。

- 無私才能永生（生前長壽）（死後名留青史）。

- 無私，心上就無石頭。

- 我喜聽真話而不喜聽好話。

391

- 倫理道德是人性基本修身。
  公平正義到死都要計較，是責任。健康長壽－
  生命競爭力，要用心力達成。榮華富貴－相對
  性，有利也有害，置之於度外，不在乎。保護
  地球，為子孫的永續。

- 我這一趟已活了不少，可說滿載而歸。

- 有哲學思想才有潛力。

- 要骨力（認真）活，不可懶惰活。

- 理念與實際要一致，說的與做的完全一致，想的與做的完全一致，寫的與做的完全一致。做的、想的、說的、寫的要完全與倫理道德一致，要百分之百符合，這樣才算是人，否則是騙仙，非人也，這是我的堅持與固執。

- 自私就是自絕。

- 有良心才有道德，沒良心的人，絕無道德。

- 無道德，生命是不會新鮮健康長壽，縱然是健在，也不會像人的。

- 誠信是責任之本。

- 謙卑才能成長，傲慢一定墮落。

- 權力的傲慢足以使人腐化。權力的謙卑足以使人淨化。

- 唯有權力謙卑的人，始能解決問題。

- 醫治意識形態兩種特效藥：一、無私　二、公義

- 有道理才舒服，道理不明氣死閑人—俗語。

- 無私最大、最尊貴、最價值。無私高於總統、高於天公、高於財富，無私最自然、最真實。

- 老實才有記憶，做過才有記憶，有心才有記憶，說的、聽的、看的都不會有記憶，很快就忘了。

- 自然－真實－永遠；人為－虛偽－短暫。

- 無私和真實是慧根之源。

- 解決問題的時間都不夠了，還有什麼時間製造問題。

- 活無痕跡，無記憶、無記錄的人生是活空的。

411

- 天賜我濃厚情感，使我活得有靈性，能以情感給人類溫暖，是我的福氣。

- 有記憶力、注意力、處理力和執行力，才不會失智症（日本稱為認知症）。

- 無私心就無煩惱。

- 無哲學的權力將成惡勢力。

- 理念比地位重要。

- 過去的教育家、思想家、哲學家對教育的主張「培養獨立思考能力的人才」，現已成口號，很多受高等教育的人都成為看權力者、政黨、錢財的臉色、呼吸、說話、吃飯的。這些人是完全違背「獨立思考能力」的教育，太可惜！

- 讀書人（學者）應培養「獨立思考能力」的修為，很可惜，不少讀書人只有錢財獨立思考及做官獨立思考能力而已。

- 言行不一，不獨掏空自己，也掏空社會國家。

- 意識形態必無是非之分，無是非就無公道正義可言。

- 謙卑就是民主，傲慢是獨裁。

421

- 智識份子（讀書人）自甘墮落屈服於權力和金錢之下，無品無格，學界的悲哀！

- 不會回憶的人，一定是不會感恩（包括人、事、物、自然），也是較無感情的人。

- 天神佑我8月11日重生，是要我繼續堅持天理、天道、天性、天倫和天良的任務。

- 人生有的重量不重質，有的重質不重量，以我而言，活的質可能超過百年，但量方面畢竟有限的。

- 年齡愈大，活的本錢愈小；年齡愈小，活的本錢愈粗。以我年齡84歲，本錢剩100萬可活，年紀輕的人可有千萬、億萬的本錢可活。

- 矛盾的生活不如不活。

- 當你失意或痛苦時，會活得厭煩，年老多病時亦然，最後自然消失，這是人的一生。

- 人生甚短，有意義的才活，以免浪費生命。

- 大限很快就到，要認真活，不要懶惰活。

- 大部分人的生命不是被權力買收，便是被金錢買收，生命如可成商品，生命就無價值了。

- 最討厭聽到無智慧、無邏輯、無公信力的大官說話。

- 重利不會講理，重理就不重利。

- 生命在不斷掏空中消失，要節制、儲能量、積善德，保健康長命。

- 有智慧的生命才有彩色的人生。

- 一路走來艱苦、逆境、坎坷的人，始能體會冷暖的人生。

- 善用時間就是善用生命。

- 無私、有智慧、有思想、有哲學素養、有邏輯思考、是非分明、超然、中立、公義，是我最喜歡接近、最值得尊敬的對象。

- 與有智慧的公正人士相處，你會很快樂。

- 私心是智慧、公義的絕緣板。

- 要功德，勿功利。

- 時間是活人用的，金錢也是活人用的。

- 違背良心也是一種病。

- 俗語說「生不如死」，其實死是舒服的。

- 要活內涵而不是活時間。

- 要說價值的話，少說價格的話。

- 人是感情、親情、恩情、人情的動物。

- 談「根」不談「枝葉」。

- 無私則公開，有私則公關。

- 喜斤斤計較的人，只是計較的成功而已。

- 要一善到底，不要一惡到底。

- 心若年輕，老不了。

- 想東想西，想到最後什麼也沒有。

- 是靈感而不是快感。

- 感情的互動才能長久，利害互動只是暫時。

- 不說話可解決問題，多說話會製造問題。

- 要學到老，修到老。

- 欺侮善良，天理不容。

- 不可侵犯善良，應保護善良。

- 昔人是萬物之靈，今權力是萬人之靈。

- 我一生最欣賞心地善良和自動行為，更重要的是
  始終如一的人。

- 要活「直的」不要活「橫的」。

- 「一」就是「一」，永遠都是「一」，不能將「一」變成「二」，甚至「十」、「百」、「千」。

- 以價值治國，而非以價格治國。

- 現在的讀書人只讀「利害」而不讀「道理」，紅頂學人、學客油然而生。

- 世上沒什麼「生命共同體」而只有「利害共同體」。

- 人生最悲哀的是周邊無智慧和公義的朋友、同事、鄰居、村民。

- 忍受不公道比忍受貧窮還痛苦。

- 無欲則剛，無私更剛。

- 權力與道理不能對話。

- 實力勝過權威。

- 年輕時以生命換取金錢，年老時以金錢換回生命。

- 短短數十年人生，真的都活不夠了，哪有時間去活假的。

- 積德和讀書是保持生命鮮度的兩個冰箱。

- 有智慧和善良才有哲學。

- 人生最痛苦的是與親人離別，與不喜歡的人見面。

- 物化的人生與價格化的人生，是「非人」的人生。

- 能做可做的，才想、才說；不能做無法做的，不必想、也不必說。

- 自然是永恆的，人為的是短暫的。

- 矛盾中生活，不活也罷，活得不瀟灑是很苦的。

481
- 人生不管你如何成就、官位多高、錢財萬貫、如何倔強、如何傲慢，當你的生命要結束時，你會全面投降，全部放棄，而只求饒一分一秒的舒服和生命。

- 人是萬物之靈，應有靈性、有智慧、有人格、有公義責任感，否則，與人有差距，不像人也。

- 我的四活：活真、活實、活善、活美。

- 多與有智慧的人接近，你的人生才會亮麗。

- 簡單、清潔、樸素是我最愛。

- 不求名利自無壓力，才能自由自在。

- 不是錢不夠用，而是時間不夠用。

- 天下為公自然團結，天下為私團結無理。

- 回歸自然才能永恆，才能長壽。

- 年輕時與人爭，年老時與鬼爭。年輕時爭名利，年老時爭生命。

- 智慧是好的膽固醇，聰明是壞的膽固醇。

491
- 我最反對無付出的享受。

- 無道德的話不說，無公義的話不說，無真實的話不說，無根據的話不說，無道理的話不說，無責任的話不說。

- 是人的品質，而不是生活品質。

- 做十分只讓人知道三分，不是做一分誇為十分。

- 要向智慧靠攏，而不向權勢傾斜。

- 要有是非的價值觀，不要利害的價格觀。

- 有充分的人性，才有自然、真、善、美的人生。

- 數十年珍貴的生命，無法活在公義的環境，很不甘心。

- 無品德與禽獸無異，即非人也。

- 傲慢為腐敗之源。

501
- 無私一身輕，無私就無壓力。

- 無私最瀟灑，私心最醜陋。

- 無私心永久讓人三分，人生最樂。

- 心中有私，沒完沒了。心中無私，萬事OK。

國家圖書館出版品預行編目資料

黃石城語集 / 黃石城著. -- 第一版. -- 新北市：商鼎
數位, 2020.12

　　面；　　公分

ISBN 978-986-144-187-0(平裝)

1.格言

192.8　　　　　　　　　　　109012425

黃石城語集

著　　者　　黃石城
出版單位　　財團法人臺灣傳統基金會

發 行 人　　王秋鴻
發行單位　　商鼎數位出版有限公司
　　　　　　地址／235 新北市中和區中山路三段 136 巷 10 弄 17 號
　　　　　　電話／(02)2228-9070　　傳真／(02)2228-9076
　　　　　　郵撥／第 50140536 號　　商鼎數位出版有限公司
　　　　　　商鼎文化廣場：http://www.scbooks.com.tw
　　　　　　千華網路書店：http://www.chienhua.com.tw/bookstore
　　　　　　網路客服信箱：chienhua@chienhua.com.tw

封面設計　　周威廷
內文編排　　商鼎數位出版有限公司

出版日期　　2020年12月18日　　第一版／第一刷